酢っきり爽快！

酢の健康レシピ

岡山県立大学地域共同研究機構／監修
山下 広美／著

大学教育出版

はじめに

わが国では成人男性を中心に肥満者が増加しています。栄養摂取状況をみると、この50年間で食事から摂取する総カロリーは減少しているにもかかわらず、脂肪の摂取が大きく増えています。生活スタイルの面では、運動量が減少しています。このような変化を背景にして近年大きな話題になっているのが、メタボリックシンドローム患者数の増加です。メタボリックシンドロームは、内蔵脂肪蓄積と関連が深い病態であり、動脈硬化性疾患になりやすい状態であることが示されています。生活習慣病やメタボリックシンドロームを予防するためには、肥満の予防が不可欠であると考えられています。

私の研究室ではこれまで、食酢の主成分である酢酸には、余剰な体脂肪の蓄積を抑制して肥満を予防する効果があることを明らかにしてきました。酢酸を摂取して肥満を予防することにより、インスリン抵抗性が改善することも示しました。酢酸は脂肪組織だけでなく骨格筋にも作用し、脂肪代謝を促進することもわかってきました。

私たちの研究室で蓄積してきたこれらの基礎データを、何とか日常生活に活用させることができないかと、学生とともに考え、たどり着いたのが本書です。数年にわたりアイデアを練り、また岡山県立大学デザイン学部山下明美教授と山下教授のゼミ生のご協力もいただき、本書を完成させることができました。

本書は、食酢料理のレシピを紹介するだけでなく、旬の食材を用いて、できるだけ時間をかけずに簡単で、かつ栄養バランスのとれた献立を提供することを目標にして執筆しました。また食材の栄養情報や健康情報も盛り込みました。

食酢は非常に酸味の強い食品ですから、私たちが実験で使用した量（醸造酢大さじ3～4杯程度を水で5倍程度に薄めた量をヒトが摂取すると体重増加抑制効果がありました）を毎日摂取することは困難だろうと思います。そのため本書で紹介した主菜・副菜に含まれる食酢の量はそれほど多くありません。しかし、食酢を含む主菜や副菜と、栄養バランスに配慮した献立を、日々の健康法として取り入れていただければ、無理のない範囲でのメタボリックシンドローム予防対策となるものと信じております。

おわりに、本書を作成するにあたり、多大なご協力をいただいた我如古菜月助教、研究室の学生さんたち、デザイン学部山下明美教授、そしてデザイン学部の学生さんたちに心より感謝申し上げます。また本書を完成させるまで常にご支援いただきました岡山県立大学産学官連携推進センター小林東夫氏および大学教育出版の佐藤守氏に心よりお礼を申しあげます。

平成23年4月

岡山県立大学保健福祉学部　栄養学科

教授　山下広美

目次

秋

冬

自分の一日分の適量を調べましょう

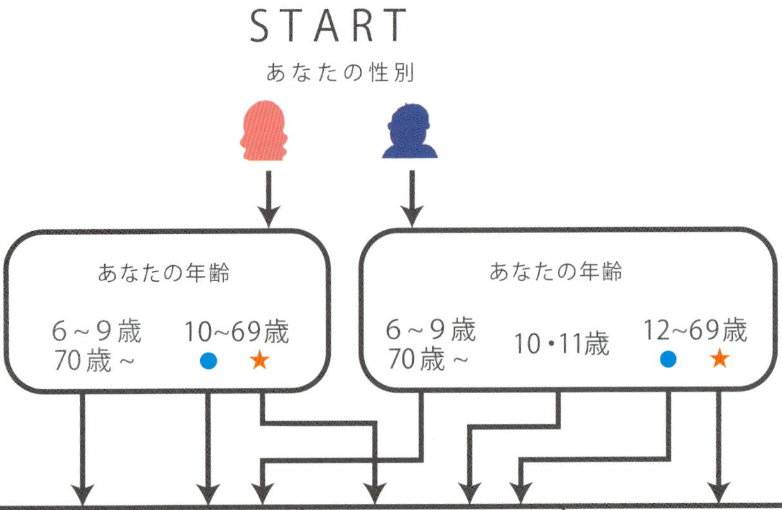

		つ(SV)	つ(SV)	つ(SV)
1日分	主食	4～5	5～7	6
	副菜	5～6	5～6	6～7
	主菜	3～4	3～5	4～6
	牛乳 乳製品	2	2	2～3
	果物	2	2	2～3
	kcal	1400～2000	2000～2400	2400～3000

●活動量低い…一日中座っていることがほとんど
★活動量普通以上…座り仕事が中心だが、歩行・軽いスポーツ等を５時間程度は行う。

	つ(SV)	料理名
主食（ごはん、パン、麺）	1	ごはん小盛り１杯　おにぎり１個　食パン１枚　ロールパン２個
	1.5	ごはん中盛り１杯
	2	うどん１杯　もりそば１杯　スパゲッティー
副菜（野菜、きのこ、いも、海藻料理）	1	野菜サラダ　きゅうりとわかめの酢の物　具沢山みそ汁 ほうれん草のおひたしひじきの煮物　煮豆　きのこソテー
	2	野菜の煮物　野菜炒め　芋の煮っころがし
主菜（肉、魚、卵、大豆料理）	1	冷奴　納豆　目玉焼き１皿
	2	焼き魚　魚の天ぷら　まぐろとイカの刺身
	3	ハンバーグステーキ　豚肉のしょうが焼き　鶏肉の唐揚げ
牛乳・乳製品	1	牛乳コップ半分　チーズ１かけ　スライスチーズ１枚　ヨーグルト１パック
	2	牛乳瓶１本分
果物	1	みかん１個　りんご半分　かき１個　梨半分　ぶどう半分　桃１個

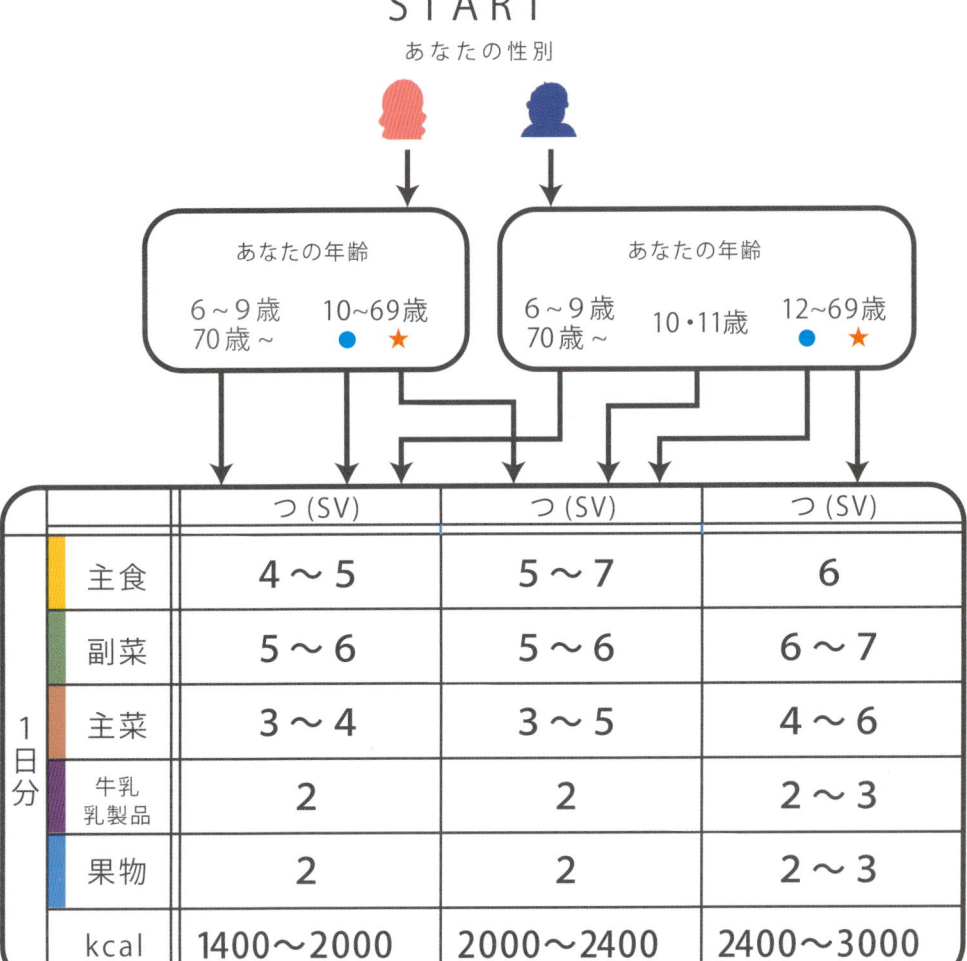

かたより子さんの一日の食事

22 歳 (活動レベル普通以上)

● 朝食

主食	食パン	1 つ (SV)
牛乳・乳製品	スライスチーズ	1 つ (SV)
	牛乳コップ半分	1 つ (SV)

● 昼食

ハンバーガー

主食	パン	1 つ (SV)
主菜	中の肉	2 つ (SV)

フライドポテト

副菜	ポテト	1 つ (SV)

● 夕食

主食	ラーメン	2 つ (SV)
副菜	野菜スープ	1 つ (SV)

ギョーザ

主菜	具の肉	2 つ (SV)
副菜	具の野菜	1 つ (SV)

麻婆豆腐

主菜	豆腐、ひき肉	2 つ (SV)

✕ バランスが崩れてコマが倒れてしまいます。

ひびのげんきくんの一日の食事

15 歳 (活動レベル普通以上)

● 朝食

主食	ごはん小盛り 2 杯	2 つ (SV)
副菜	みそ汁	1 つ (SV)
主菜	目玉焼き	1 つ (SV)
牛乳・乳製品	牛乳コップ半分	1 つ (SV)
果物	みかん	1 つ (SV)

● 昼食

カレーライス

主食	ごはん小盛り 2 杯	2 つ (SV)
副菜	具の野菜	2 つ (SV)
主菜	具の肉	2 つ (SV)

サラダ

副菜	野菜	1 つ (SV)
牛乳・乳製品	ヨーグルト	1 つ (SV)

● 夕食

主食	ごはん中盛り 2 杯	3 つ (SV)
副菜	筑前煮	2 つ (SV)
主菜	さんまの塩焼き	2 つ (SV)
果物	りんご 1/2	1 つ (SV)

○ バランスのとれた健康的な食事が出来ています。

食事バランスガイド

国民の健康の増進、生活の質（QOL）の向上及び食料の安定供給の確保を図るため、平成 12 年に、文部省、厚生省、農林水産省が連携して、「食生活指針」を策定しました。さらに平成 17 年に、厚生労働省と農林水産省は「食生活指針」を具体的な行動に結びつけることを目的に、「食事バランスガイド」を作成しました。食事バランスガイドの特色は、「何を」「どれだけ」食べたらよいのか、望ましい食事のあり方やおおよその量をわかりやすくコマ型のイラストで示したことです。コマの形を使って、1 日に食べるとよい目安の多い順に上から主食、副菜、主菜、牛乳・乳製品、果物 という 5 つの料理区分で示されています。主食は、ご飯、パン、麺 などであり、副菜は野菜、いも、海藻、きのこを主材料とする料理 、主菜は魚、肉、卵、大豆・大豆製品を主材料とする料理 のことをいいます。さらに、水、お茶はコマの軸とし、食事の中で欠かせない存在であることを強調しています。バランスの悪い食事、また運動不足になると、コマはバランスを保てなくなり倒れてしまうことになります。このことにより食事と運動の両方が大切であることを示しています。また、1 日にどれだけ食べるかは、「〇つ (SV)」という単位で示され、区分ごとに何をどれだけ食べるか具体的な「料理」で表現し、その標準的な量を大まかに示しています。各人の一日分の適量は活動量（消費エネルギー量）により異なっています。表を参考にして、1 日分の「〇つ (SV)」を把握し、摂取の目安と料理例を基本にして食事の目的・好み等も考えながら食事を組み立ててみてください。

本書で使用する食酢

食酢の定義は、JAS 規格によれば、「食酢は醸造酢および合成酢を言い、酸度 4 パーセント以上のもの」とされています。市販の「ポン酢」などは加工酢であり食酢とは区別されます。食酢は原料の違いにより以下のように分類されています。

穀物酢

米酢以外の穀物酢を指し、麦、とうもろこし、豆、サトウキビなどの穀物を原料にしています。原材料として1種または2種以上の穀類を使用したもので、それらを醸造酢1リットルにつき40g以上用いて作られます。
さっぱりした風味が特徴ですので､いろいろな料理に広く用いられます。

米酢

米が原料であり、醸造酢1リットルにつき40g以上の米を用いて作られています。
和食に合います。

黒酢

原料（米、大麦など）を醸造酢1リットルにつき180g以上用いており、熟成により褐色に着色したものを指します。用いられる米はぬか部分がついたものです。
香りとコクが特徴です。

リンゴ酢

果実酢のうちリンゴの搾汁の使用量が醸造酢1リットルにつき300g以上であるものです。他の醸造酢に比べてリンゴ酸が多く含まれており、すっきりとした味わいと甘い香りが特徴です。
ドレッシングや健康飲料としても広く用いられています。

バルサミコ酢

イタリアのモデナ地方で、厳しい製法管理のもとに作られています。原料のブドウ果汁を濃縮し、樽の中で12年以上熟成して作られます。かなり高価なものですが、独特の芳香と甘みがあるため、イタリア料理の隠し味、デザートのトッピングにも用いられます。

ワインビネガー

果実酢のうちブドウの搾汁の使用量が醸造酢1リットルにつき300g以上のものです。赤ワインビネガー、白ワインビネガーがあります。ドレッシングやマリネをはじめ西洋料理によく用いられます。

計量器具での計り方

調味料を正しく計ること、このひと手間がお料理の味や栄養価に大きく影響します。
計量スプーン：大さじ 15ml、小さじ 5ml

砂糖、食塩のような粉末状のものを計る場合

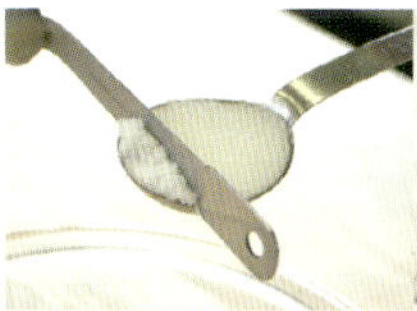

平らな部分ですりきる。菜ばしなども利用できます。
半分量を計る場合は、1/2のところで線を入れて、片方を除きます。

食酢、醤油、酒などの液体状のものを計る場合

スプーンの液の表面がふちより上にくる程度まで計ります。
半分量の場合は、スプーンの半分までです。

サラダ油の量について

炒め物にサラダ油を小さじ一杯入れてフライパンで調理するレシピが本書でもよく出てきます。小さじ一杯の油は、フライパンに流すと直径8cmくらいの円になります。これを覚えておくと計量スプーンを使わずに済むので洗う手間が省けて便利です。
（入れすぎるとエネルギーが大きく変わりますので注意してください）

基本のだしの取り方

1. 鍋に水と昆布を入れて、一晩置く。

2. 中火にかけて、沸騰直前に昆布を取り出す。
（昆布が浮いてきたら取り出すサインです）

3. かつお節を入れ、沸騰したら弱火にし、30 秒ほどしたら火を消す。

4. かつお節が沈んだら、さらしでこす。
（かつお節をお茶パックに入れて煮出せば簡単です）

お酢料理でヘルシーおもてなし

春色ちらしずし

＋そら豆とコーンのフリッター
＋菜の花とハマグリのマスタードマリネ

ちらしずしは抗酸化作用の高いオリーブオイルの風味をきかせて、洋風にアレンジしてみました。
旬の食材をふんだんに使った副菜で、バランスもよくなります。

春色ちらしずし

506 kcal / 1人分

◎材料［4人分］

白米…2合

A
- 米酢…大さじ3
- オリーブオイル…大さじ1
- 塩・こしょう…少々
- 白ごま…大さじ1

えび…12尾
酒…大さじ1
卵…2個
砂糖…小さじ2
きぬさや…1/2パック
スモークサーモン…80g
ミニトマト…8個
マヨネーズ…適量

そら豆とコーンのフリッター

260 kcal / 1 人分

◎ 材料 [4 人分]

そら豆…15 さや分

コーン…1/2 缶

A
- 薄力粉…40g
- 穀物酢…大さじ 1
- 水…1/4 カップ
- 塩…小さじ 1/2
- 卵…1/2 個
- ベーキングパウダー…小さじ 1/4

揚げ油…適量

◎ 作り方

1 そら豆はさやからとり出す。

2 A をあわせ、そら豆、コーンも混ぜ合わせる。

3 2をスプーンですくって揚げる。

170℃～180℃の油 .

菜の花とハマグリのマスタードマリネ

32 kcal / 1 人分

◎ 材料 [4 人分]

菜の花…ひと束

はまぐり…1 パック

A
- 好みのお酢…大さじ 1(ここではワインビネガー)
- 粒マスタード…小さじ 1
- 濃口しょうゆ…小さじ 1

こしょう…少々

◎ 作り方

1 菜の花を一口大に切り、熱湯でさっと色よくゆでる。

冷水にとる .

2 はまぐりは耐熱皿に入れ酒をふり、電子レンジで貝が開くまで約 2 分加熱する。

3 A を合わせてマリネ液を作り、1、2、とあえる。

◎ 作り方

1 米を普段より少し硬めで炊く。

2 えびは酒をふり、卵は砂糖で調味する。絹さやはすじをとる。

3 2をそれぞれ耐熱皿に入れ、電子レンジで様子を見ながら加熱する。

4 卵は途中で取り出しかき混ぜ、様子を見ながらそぼろ状にする。

5 加熱したきぬさやはえびから出た汁を含ませておく。

熱いうちにまぜることで味がなじむ .

6 A を合わせ、白米と合わせる。

7 6を器に盛り、えび、卵、絹さやをちらし、仕上げにマヨネーズをかける。

食事バランスガイド

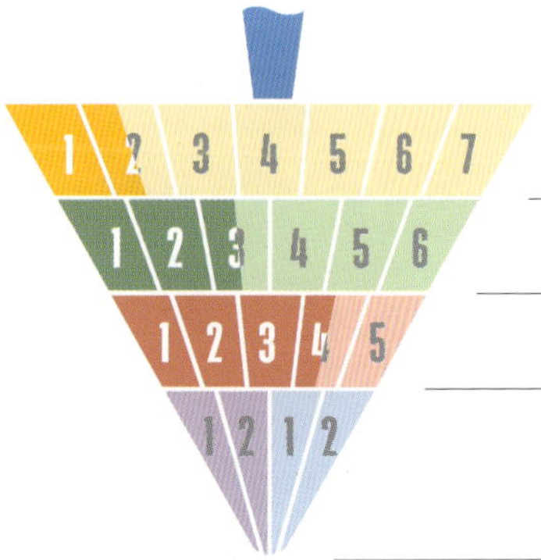

	春色ちらし寿司	そら豆とコーンのフリッター	菜の花とハマグリのマスタードマリネ	計
エネルギー	506 kcal	260 kcal	32 kcal	797 kcal
主食	1.5 SV			1.5 SV
副菜	0.5 SV	1.0 SV	1.0 SV	2.5 SV
主菜	3.0 SV		0.5 SV	3.5 SV
牛乳・乳製品				
果物				

酢使用量 18 ml

食塩 2.5 g

食物繊維 5.9 g

食材メモ

そら豆

西南アジアから北アフリカが原産で日本へは 8 世紀ごろ渡来しました。旬は３～５月です。

栄養

タンパク質を多く含んでおり、旨味の素になります。また炭水化物や鉄を含む他、ビタミンでは葉酸やビタミンＣが多いのが特徴です。

使い方

未熟豆の塩ゆでは季節の味覚として賞味されます。また、さやごと焼いて、中のマメをそのまま食べます。揚げて塩をふったものはいかり豆と呼ばれます。また、煮物や炒め物、ポタージュスープ等に広く用いられ、アジアでは豆板醤の原料として利用されています。ソラマメの熟した種子は煮豆（お多福豆やふき豆）、フライビーンズ、甘納豆、餡（あん）などのほか、みそやしょうゆの原料となります。

菜の花

「菜花（なばな）」「花菜（はなな）」とも呼ばれるアブラナ科の植物です。在来種ナタネと洋種ナタネ（黒種子ナタネなどともいう）に分けられ、在来種ナタネの主な生産地は京都や千葉。最も出回るのは２～３月です。

栄養

菜の花にはビタミンＣが豊富に含まれていますが、加熱すると 60% が消失してしまいますので、ゆで時間は短めにするとよいでしょう。また、葉酸や鉄分など貧血予防のビタミンやミネラル、さらに酸化や老化を予防するビタミンＥ、またカルシウム、食物繊維さらにタンパク質などが豊富です。

選び方保存法

選ぶポイントは、濃い緑色で茎や葉がピンと張り、花の咲いていないものを選ぶとよいでしょう。ゆでて冷凍保存すると比較的長く保存できます。

使い方

炒め物や煮つけ、汁のみ、和え物、浸し物、酢みそ和え、菜の花漬け、マヨネーズか削りカツオと醤油で食べるのも美味です。

プラすレシピ ❶

酢イーツ

ベリーベリーのスイートマリネ： 27 kcal / 1 人分

ほど良い酸味とくせのないコクが特徴のバルサミコ酢はデザートとよく合います。ベリーはその時々によってラズベリーなど、他のベリーに変えたり、冷凍のものでもおいしくいただけます。食べた後に残ったマリネ液は、ヨーグルトに入れても good。

● 材料 [2 人分]

いちご…10 個
ブルーベリー… 6 個
A
- はちみつ…大さじ 1
- バルサミコ酢…小さじ 1
- オリーブオイル…小さじ 1

ミントの葉…適量

● 作り方

1. A を合わせて混ぜる。
2. いちご、ブルーベリーを *1* であえ、約 10 分冷蔵庫で冷やす。
3. うつわに盛り、ミントを飾る。

お酢は疲労回復に効果あり

お酢（醸造酢）に含まれる主な成分は酢酸という成分です。空腹になると体に貯まった脂肪が分解され、分解された体脂肪から酢酸が作られます。酢酸はエネルギー源として体内で使われますので、激しい運動後など疲労が蓄積するような場合に、お酢を適当に水などで薄めて摂取したり、または酢漬け野菜や酢漬け果実として摂取するとやはり酢酸がエネルギー源として働き、疲労回復につながります。

ナッツが美味しさのポイント

ナッツ入りオニオンサラダ ＋そぼろ丼

新玉ねぎは辛みが弱いので、生食に向いています。丼と合わせることにより、栄養バランスと満足感が得られます。

ナッツ入りオニオンサラダ

80 kcal / 1 人分

◎ 材料 [2 人分]

新玉ねぎ …1/3 玉（120g）
塩…少々
水菜…2 束（40g）
アーモンド…13 ～ 14 粒（15g）
かつお節 …適量

A
- 穀物酢…大さじ 1
- 濃口しょうゆ…大さじ 1/2
- オリーブオイル…小さじ 1/2

◎ 作り方

1 新玉ねぎはスライサーで薄く切り、少量の塩で揉んでから水にさらす。水菜は 3～4 ㎝くらいに食べやすく切る。

辛み抜きのポイントです .

2 A を合わせる。

3 アーモンドを袋に入れ、めん棒で叩いて粗く砕く。

4 1～3 を和える。

5 皿に盛り付けて、仕上げにかつお節を散らす。

そぼろ丼

476 kcal / 1 人分

◎ 材料 [2 人分]

白米…1 合強
鶏ひき肉…100g
ごぼう…1/3 本（50g）
卵…1 個
小ネギ…10 本（40g）
きざみのり…適量

A
- 酒…大さじ 1
- 濃口醤油…大さじ 1/2
- みりん…小さじ 1
- 砂糖…小さじ 1/2

B
- 砂糖…小さじ 1
- 塩…少々

サラダ油…少量

◎ 作り方

1 米を炊いておく。

2 A を合わせる。ごぼうをみじん切りに、ねぎを小口切りにしておく。

ごぼうで食物繊維アップ .

3 フライパンに火をかけ、油を使わずに鶏ひき肉を炒める。ひき肉に軽く火が通ったら、ごぼうを入れさらに A を入れて弱火で、そぼろになるように炒めて取り出す。

油を使わずヘルシーに .

4 そぼろを作ったフライパンでそのままねぎに軽く火を通す。

5 卵を溶いて B で味付けし、少量のサラダ油を熱して卵を炒める。さい箸を数本使って炒めると、そぼろになりやすい。

6 丼にご飯を盛って、そぼろと卵、ねぎを彩りよく盛り、きざみのりを散らす。

食事バランスガイド

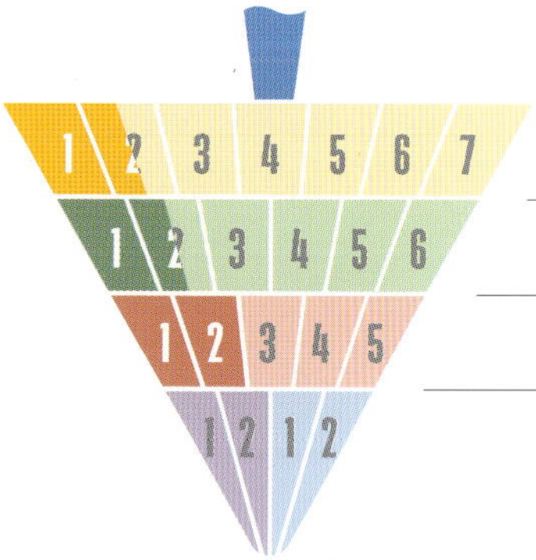

	ナッツ入り オニオンサラダ	そぼろ丼	計
エネルギー	80 kcal	476 kcal	556 kcal
主食		1.5 SV	1.5 SV
副菜	1.0 SV	0.5 SV	1.5 SV
主菜		2.0 SV	2.0 SV
牛乳・乳製品			
果物			

酢使用量 7.5ml

食塩 2.2g

食物繊維 5.0g

食材メモ

水菜

アブラナ科の漬け菜類の一つです。１０月～３月の間が旬で、京菜と同じ品種群に入ります。京都に古くから存在する漬け菜です。

栄養

ビタミンC、カロテン、鉄、カルシウムなどを比較的多く含む緑黄色野菜です。カロテン、ビタミンCの働きで風邪予防などの効果が期待できます。

使い方

食べるとシャキシャキした歯切れのよさがあり、サラダなどに使われます。肉の臭みを消す効果もあるため、鶏肉などと一緒に鍋料理にも使われます。
細い軸には辛味、葉にはほろ苦さがあります。

アーモンド

地中海沿岸が原産と考えられています。日本にあるアーモンドはほとんどが輸入品であり、多くはアメリカのカリフォルニア産です。

栄養

ビタミンEを豊富に含むため、老化を引き起こすとされる生体膜の酸化を抑制する効果があると言われています。また、ビタミンEの日常的な摂取は心筋梗塞や脳梗塞をもたらす虚血性心疾患の予防につながるともいわれています。

使い方

すりつぶして合え衣にもしたりします。また、スライスしたものを洋菓子や中華菓子のトッピングにも使います。

プラすレシピ ❷

物足りないときのもう一品

セロリーのめんつゆ漬け：86 kcal / 全量

調味液に 1 日漬け込むだけで簡単にでき、お弁当のおかずやちょっとした一品におすすめです。漬け込みすぎると味が濃くなるので、注意してください。きゅうりやキャベツなど、他の野菜でもお試しください。

● 材料 [2 人分]

セロリー…1 本

A
- めんつゆ(ストレート)…100ml
- 穀物酢…50ml
- 水…50ml
- 砂糖…大さじ 1/2

● 作り方

1. セロリーはすじを取り、斜めに切る。
2. タッパーなどの適当な容器に **A** を合わせる。
3. *1* を *2* に入れ、冷蔵庫で 1 日漬ける。

朝食抜きは要注意！

朝食＝ブレックファースト（breakfast）は英語で断食を破るとも表現されるように、夕食から朝食前まで続いた絶食状態からの開放が朝食であり、一日の活動源となるエネルギー供給の役割を担います。朝食抜きの人が増加していますが、朝食を抜くと脳へのグルコース（糖）の供給が十分にいかず、その結果脳の働きが鈍ってしまいます。朝食を食べない小学生では疲れやイライラを感じやすいことが報告されています（読売新聞 2006 年 4 月 12 日）。仕事の効率を上げるためにも朝食が大事であると言えます。

食物繊維豊富な一品

筍の酢みそ和え ＋ 鶏もも肉のさっぱり焼き

こんにゃくや海草類には水溶性食物繊維が、筍やきゅうり、レタスなどの野菜類には不溶性の食物繊維が含まれます。筍のシャリシャリとした歯ごたえで、春の訪れを感じられるメニューにしました。

筍の酢みそ和え

47 kcal / 1 人分

◎ 材料 [2 人分]

筍（水煮）…120g
こんにゃく…50g
きゅうり…1/2 本（50g）
塩…少々
カットわかめ…軽くひとつかみ（5g）

A
- 穀物酢…大さじ 1
- みそ…大さじ 1
- 砂糖…小さじ 1

◎ 作り方

1 筍を食べやすい大きさに切り、こんにゃくは短冊切りにし、湯通ししてザルにあげて冷ましておく。

2 わかめは水で軽く戻しておき、きゅうりを薄くスライスし塩をふって軽く混ぜておく。

3 **A** を合わせ、**1** としっかりと水気を絞った **2** を和える。

酢みそにからしを入れても美味しいですよ .

鶏もも肉のさっぱり焼き

164 kcal / 1 人分

◎ 材料 [2 人分]

鶏もも肉（皮つき）…140g
もやし…1/2 袋（100g）
塩・こしょう…少々

A
- 穀物酢…小さじ 2
- 濃口しょうゆ…小さじ 1

レタス…2 ～ 3 枚（60g）
トマト…1/2 個（100g）

◎ 作り方

1 鶏もも肉を一口大に切る。

2 フライパンを火にかけ、皮の面から焼き、皮から脂を出す。

皮からしっかり脂を出しましょう .

3 皮から脂が出てきたらもやしを入れ、全体的に火を通す。

4 塩・こしょうで味付けし、火を止めてから **A** を加え、軽く和える。

5 レタス、トマトと共に盛り付ける。

食事バランスガイド

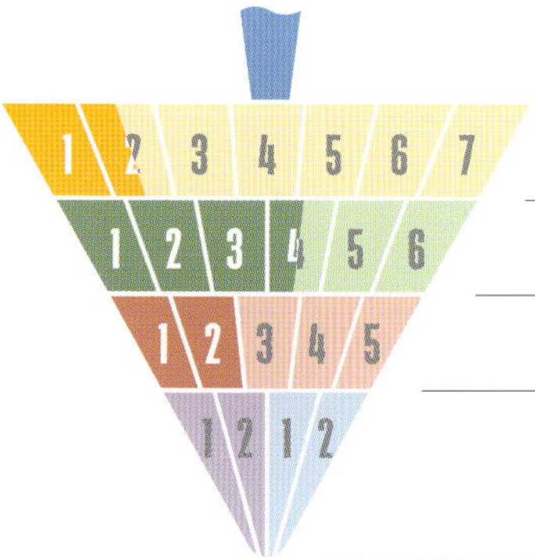

	白米	筍の酢みそ和え	鶏もも肉のさっぱり焼き	計
エネルギー	285 kcal	47 kcal	164 kcal	797 kcal
主食	1.5 SV			1.5 SV
副菜		1.5 SV	2.0 SV	3.5 SV
主菜			2.0 SV	2.0 SV
牛乳・乳製品				
果物				

酢使用量 12.5 ml

食塩 2.6 g

食物繊維 5.0 g

主食はごはんを茶碗一杯つけた場合となっています。

食材メモ

たけのこ

日本で食用として利用されているのはモウソウチクの筍です。モウソウチクの原産国は中国です。年間出荷されてはいますが、旬は３～５月の春です。

栄養

食物繊維が豊富で、特に不溶性食物繊維が多く含まれています。また、チロシンと呼ばれるアミノ酸を多く含んでおり、筍を茹でると白い粒状になって出てきますが筍のうま味の一つでもあり、食べても害にはなりません。

選び方 保存法

表面につやがあり太さがあるもの、根元が白くみずみずしいものを選びましょう。保存は、購入後すぐに茹でて皮をむき、水につけて冷蔵保存するとよいでしょう。

使い方

筍飯や煮物、汁物の実、てんぷら、炒め物など、また、先端のやわらかい部分（姫皮）は酢の物などに利用できます。

こんにゃく

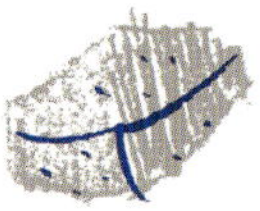

原産はインドシナ半島とされています。こんにゃくが日本人によく食べられるようになったのは江戸時代以降であり、こんにゃく精粉の加工法が考案されてから急速に普及しました。

栄養

こんにゃくの大部分は水分（約 97％）です。また、グルコマンナンという食物繊維が含まれ、整腸効果が期待できます。

保存法

残ったこんにゃくはポリ袋に入れるか、水につけて冷蔵保存するとよいでしょう。冷凍保存するとスカスカになりますが、凍りこんにゃくのようにあえて冷凍、乾燥させて精進料理などに利用することもあります。

使い方

こんにゃくは味がしみにくいので、切り込みを入れるなど表面積を広くした方が、味がつきやすくなります。

プラすレシピ ❸

酢の調味料

らっきょうタルタル：62 kcal / 大さじ 1

らっきょうとマヨネーズがしっかり調和。穀物酢を加えることでほどよいとろみになりいつものタルタルソースのように使えます。揚げ物やサンドイッチのソースに。お好みで粒マスタードを入れると一味違ってきます。

● 材料

マヨネーズ…180g
みじん切りらっきょう…60g
穀物酢…大さじ 3
粒マスタード（お好みで）…適量

● 作り方

1. 全ての材料を混ぜ合わせる。

酢酸は加熱すると量が減ります

お酢の主成分である酢酸は、体脂肪の蓄積を抑制して肥満を予防する効果がありますが、調理して摂取する場合、加熱により量が減ってしまうことに注意する必要があります。このため、お酢の効果を引き出すためには、できるだけ長時間の加熱を避けて摂食する工夫をするとよいです。加熱するレシピの場合には、火を止める直前にお酢を加えるのがお勧めです。

レンジで簡単お手軽サラダ

春野菜のサラダ ＋たらの香草パン粉焼き

春野菜を電子レンジを使ってささっと調理しました。ドレッシングは黒酢とはちみつを使ったシンプルなものですが、チーズを加えるとうま味が増します。食欲が出て野菜をたくさん取れるメニューです。

春野菜のサラダ

98 kcal / 1 人分

◎ 材料［2 人分］

キャベツ…1/4 玉
スナップエンドウ…中 5 さや
アスパラガス…2 本
スライスチーズ…2 枚

A
- 穀物酢…大さじ 2
- はちみつ…大さじ 1/2
- 塩・こしょう…少々

◎ 作り方

1 キャベツは食べやすい大きさにざく切り、スナップエンドウはすじをとる。アスパラガスは、乱切りにしておく。チーズは 2 枚重ねて 1cm 角に切る。

2 **1** を耐熱容器に入れ、600W の電子レンジで 3 分加熱し、冷水で冷やす。

3 **A** を合わせ **2** とあえ、チーズをのせる。

たらの香草パン粉焼き

180 kcal / 1 人分

◎ 材料［2 人分］

たら切身…2 切れ
パン粉…適量
オリーブオイル…大さじ 1
穀物酢…大さじ 1/2
塩・こしょう…適量
ドライパセリ…適量
ミニトマト…4 個
レモン…小 1/4 個

◎ 作り方

1 たらに塩こしょうをふる。

2 パン粉と、オリーブオイル、穀物酢、ドライパセリを混ぜ合わせ、**1** につける。

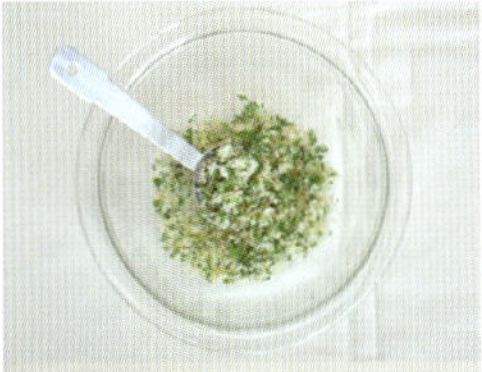

3 150℃のオーブンまたは、トースターで約 10 分、焦げ目がつくまで焼く。

4 ミニトマトと、くし切りにしたレモンを添える。

食事バランスガイド

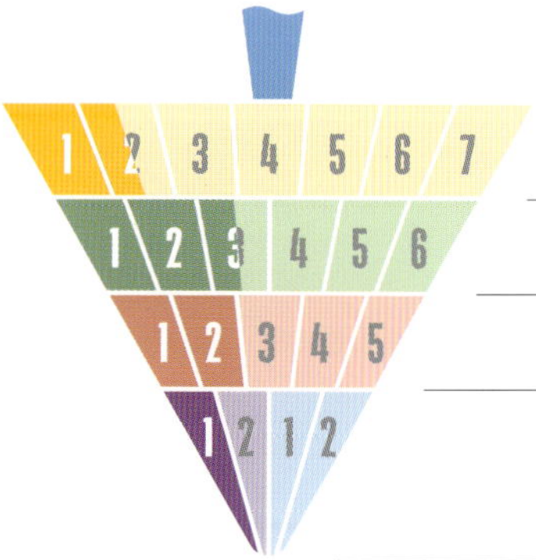

	白米	春野菜のサラダ	タラの香草パン粉焼き	計
エネルギー	285 kcal	98kcal	180 kcal	563 kcal
主食	1.5 SV			1.5 SV
副菜		1.5 SV	1.0 SV	2.5 SV
主菜			2.0 SV	2.0 SV
牛乳・乳製品		1.0 SV		1.0 SV
果物				

酢使用量 19 ml

食塩 2.0 g

食物繊維 2.9 g

主食はごはんを茶碗一杯つけた場合となっています。

食材メモ

スナップえんどう

さやえんどうの一種です。グリーンピースのように子実を十分に肥大させて、しかも莢（さや）がまだ鮮緑色で外観のよい時に収穫し、莢がかたくならないので、さやも実も食べられる野菜です。サクサクした食感と強い甘みがあります。

栄養

ビタミンA効力を持つβ-カロテンを多く含み、免疫力を高める効果があります。また、ビタミンB_1やビタミンCも多く含まれており、それぞれエネルギーの代謝に関わり、疲労回復効果やかぜの予防にも役立ちます。

選び方 保存法

莢が肉厚でみずみずしく、緑色でハリのあるものを選びます。また、１～２日の短期保存ならビニール袋に入れて冷蔵庫へ、長期保存の場合はさっと塩茹でし、冷凍保存しましょう。

使い方

塩こしょうで炒めるだけでも美味で、和風、洋風、中華とあらゆる料理に向き、サラダ、煮物、天ぷらなど広く使えます。

キャベツ

ヨーロッパ原産のアブラナ科の野菜です。もともとは葉があまり丸くならないタイプでしたが、現在では葉が丸くなるタイプ（結球キャベツ）が一般的になりました。緑色のキャベツ（ホワイトキャベツ）、紫色の赤キャベツ（レッドキャベツ）、葉がちりめんのようなちりめんキャベツなどがあります。

栄養

ビタミンCが比較的多く含まれます。また、ビタミンUを含み、胃や十二指腸の潰瘍を治す作用があるといわれています。

選び方 保存法

ずっしりと重く、みずみずしいものを選びましょう。葉に水分が行かなくなるとしおれるので、保存時は芯を少しくりぬき、濡らしたキッチンペーパーや脱脂綿を詰めてビニール袋などに入れて冷蔵保存すると長持ちします。

使い方

生食のほか、お浸し、炒め物、煮物などに適しています。また、酢漬けや塩漬けなどの漬物としても利用できます。

プラすレシピ ❹

酢の調味料
らっきょうサルサ： 11 kcal / 大さじ1

らっきょうの味と食感がポイントです。白身魚や鶏肉、エビ、ウインナーなどと相性バッチリです。ピザのソースとしてや、朝食の食パンにのせて食べるのもＯＫです。にんにく、バジル、タバスコはお好みで量を調節してください。

● 材料

トマトピューレ…180g
みじん切りらっきょう…60g
穀物酢…大さじ3
塩…3g
すりおろしにんにく ┐
バジル (粉)　　　├ お好みで
タバスコ　　　　　┘

● 作り方

1. 全ての材料を混ぜ合わせる。

野菜をたくさんとるということ。（野菜のメリット・食物繊維）

野菜の中には食物繊維が多く含まれています。食物繊維は体内で消化されない成分で直接の栄養成分にはなりませんが、食物繊維にはいろいろな機能があります。まず脂肪の吸収を遅らせたり吸収を抑えたりするために、体内に余分な脂肪が取り込まれにくくなること、またコレステロールの体内への吸収を抑える、大腸の内容物を増やし腸のぜん動運動を促進するため、便秘予防になる、満腹感を与えるなど、現代の食生活にとって強い助っ人となります。

貝類と海草類で、ミネラルたっぷりのレシピ

海鮮にらチヂミ ＋長いもとめかぶの梅肉和え

魚介類に多いタウリンや、めかぶなどの海藻類に多いぬめり成分のフコダインは、血圧やコレステロール値を正常に保つといわれます。２つを組み合わせれば、ミネラルバランスも良好です。

海鮮にらチヂミ

406 kcal / 1 人分

◎ 材料［2 人分］

ねぎ…1/2 本（60g）
にら…1/3 束（40g）
しめじ…1/3 パック（40g）
シーフードミックス…80g

A
- 小麦粉…80g
- 上新粉…50g
- 卵…1 個
- 水…150ml
- 穀物酢…大さじ 1

サラダ油…適量

B
- 穀物酢…大さじ 1
- 濃口しょうゆ…小さじ 1
- コチュジャン…小さじ 1/2

ねぎ（白髪ねぎ用）…1 本

◎ 作り方

1 A を混ぜて生地を作る。

2 ねぎは小口切り、にらは 3 ～ 4 ㎝に切り、しめじは石づきを取り、適当にほぐす。シーフードミックスは、解凍しておく。

野菜をたっぷり入れます．

3 1 にねぎ、にら、しめじを入れてよく混ぜる。

4 フライパンに少し多めのサラダ油を熱して、生地を薄く広げる。上にシーフードをのせて両面焼いていく。

薄く広げれば、焼く時間を短縮できます．

5 B を合わせてタレを作り、白髪ねぎを添える。

長いもとめかぶの梅肉和え

67 kcal / 1 人分

◎ 材料［2 人分］

長いも…160g
めかぶ…70g
梅干し…1 粒

A
- 濃口しょうゆ…小さじ 1
- 砂糖…小さじ 1
- 酒…小さじ 1

かつお節…適量

◎ 作り方

1 長いもを短冊に切る。

2 梅干しをたたく。

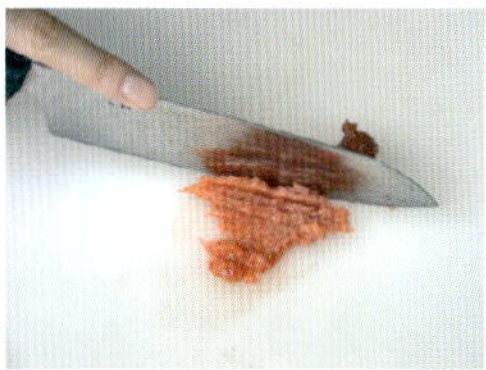

3 A を合わせ、1、2、めかぶとともに和える。

4 最後にかつお節をかける。

食事バランスガイド

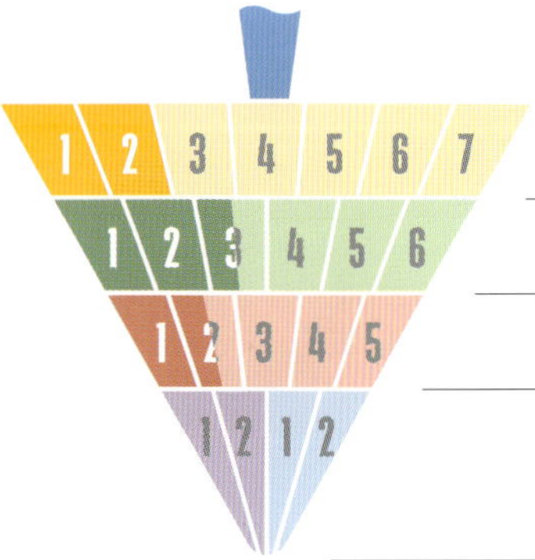

	白米	海鮮 にらチヂミ	長いもとめかぶ の梅肉和え	計
エネルギー	214 kcal	404 kcal	67kcal	685kcal
主食	1.0 SV	1.0 SV		2.0 SV
副菜		1.0 SV	1.5 SV	2.5 SV
主菜		1.5 SV		1.5 SV
牛乳・乳製品				
果物				

酢使用量 1.5ml

食塩 2.3g

食物繊維 5.2g

主食はごはんを茶碗一杯つけた場合となっています。

食材メモ

にら

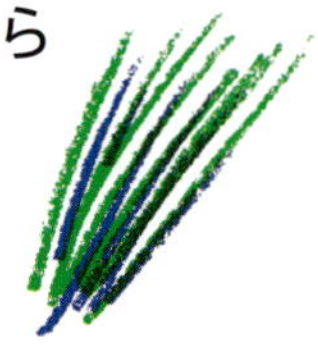

冬から春にかけてのものは葉肉が厚く柔らかです。中国料理に欠かせないスタミナ食材。独特の匂いがあり、匂いの原因物質は硫黄化合物です。高級な中国料理に使われる黄色いにら黄ニラは、ニラの芽が出る前の根株に覆いを被せて光を制限することで軟白化させた中華料理の食材で、ニラ特有の臭いがなく甘みがあるのが特長です。

栄養

β- カロチンやビタミンE、ビタミン C、ミネラルに富み、匂い成分の一つであるアリシンがビタミンB_1と結合してその吸収を良くし、代謝機能を高めます。昔より胃腸（特に下痢）に効く野菜として親しまれています。

使い方

汁の実やおひたしの他、中国料理、韓国料理によく用いられ、レバーと炒めあわせた物（レバニラ炒め、またはニラレバ炒め）や餃子の具（但し、本場中国では餃子にニラを入れることは稀）、ニラ饅頭（点心）、チヂミ、ニラの卵とじなどがポピュラーな用途です。

メカブ

通俗的には「ワカメの根元部分」とも表現されます。

栄養

メカブには、ワカメ（葉の部分）の二倍以上の脂質が含まれています。その脂質の多くは不飽和脂肪酸で、血液中のコレステロールを減らし、血圧を下げたり毛細血管を丈夫にします。また、アルギン酸やフコイダンなどの水溶性食物繊維に由来するぬめり成分やミネラル、エイコサペンタエン酸などの不飽和脂肪酸を葉状部よりも多く含むため、健康食品としても摂取されます。

使い方

調理の際は軽く湯通しをし、色が褐色から緑色に変わったところで冷水に取りましょう。その後は包丁などで細かく刻み、醤油やめんつゆ、その他の薬味を混ぜ米飯にかけて食べたり、吸い物などスープに入れると美味しくいただけます。また、より手軽に食べられる乾物のものや味付け加工されたパック詰めのものも販売されています。

プラすレシピ 5

物足りないときのもう一品

こぶ〆め鯛茶漬け：337kcal / 全量

鯛や昆布のうま味と、だし汁、それにお酢の減塩効果で、塩分が少なくてもおいしくいただける一品です。塩分控えめなので、味が薄ければしょうゆを 2、3 滴たらすのも良いでしょう。昆布じめは日持ちするので前日に作っておいても良いでしょう。

● 材料 [2 人分]

ごはん…1 合分
鯛 (刺身用)…4 切れ
米酢…1/2 カップ
昆布…1 枚
だし汁…200cc
好みの茶葉…1 パック
わさび…適量
あさつき…適量
刻みのり…適量

● 作り方

1. バットに昆布を敷き、鯛の刺身を並べてお酢をかけ、10 分以上冷蔵庫で冷やす。
2. 濃いめにとっただし汁でお茶をいれる。
3. お茶碗にごはんをよそい、鯛とわさびをのせて *2* をかける。
4. 小口切りにしたあさつきと刻みのりを散らす。

野菜をたくさんとるということ。（野菜のメリットビタミン、ミネラル）

野菜や果物にはビタミンや、カリウムなどのミネラルが多く含まれています。人参、かぼちゃには視力に関係したり、また抗酸化作用のあるビタミンA、ほうれん草、白菜など葉菜には発育にとって欠かせない葉酸、また果物、ゴーヤ、ブロッコリーなどには骨や皮膚の発達に欠かせないビタミンCが含まれます。また野菜、果物に豊富に含まれるカリウムには、日本人が過剰に摂取しているナトリウムの排泄を促進する作用があります。

丈夫な骨や歯をつくる

レタスのナムル ＋具だくさん餃子スープ

ナムルはちりめんじゃこを使って、カルシウム強化を試みました。さらに餃子スープのきくらげのビタミンDがカルシウムの吸収を促します。

レタスのナムル

73 kcal / 1 人分

◎ 材料［2 人分］

レタス…1/3 ～ 1/2 玉（200g）
ちりめんじゃこ…20g
味付けのり…適量

A
- 穀物酢…大さじ 1
- ごま油…小さじ 1
- 砂糖…小さじ 1
- 塩…少々

◎ 作り方

1 レタスは芯を取り、適当な大きさに手でちぎる。

2 ちりめんじゃこをフライパンで炒り、冷ましておく。

3 鍋に湯を沸かし、**1** を 1 分ほどゆでて冷水にとる。

加熱することでカサが減り、レタスをたくさん取ることができます .

4 しっかり水気を切ったレタスと **2** を **A** で和える。

5 仕上げにちぎった味付けのりを散らす。

具だくさん餃子スープ

137 kcal / 1 人分

市販の餃子を使って、簡単スープ！

◎ 材料［2 人分］

チルド餃子（市販）…6 個
玉ねぎ…1/3 玉（60g）
にんじん…1/2 本（40g）
にら…1/2 束（50g）
きくらげ…10g
水…500ml

A
- 中華スープの素…小さじ 1 と 1/2
- こしょう…適量

◎ 作り方

1 きくらげをたっぷりの水で戻す。（約 10 分）

2 玉ねぎを薄切り、にんじんは粗いせん切り、にらを食べやすい長さに切る。きくらげは細切りにする。

3 鍋に湯を沸かし、玉ねぎ、にんじん、きくらげを入れ少しやわらかくなったらにらを入れる。

4 **A** で味付けし、最後に餃子を入れて 2 ～ 3 分加熱する。

食事バランスガイド

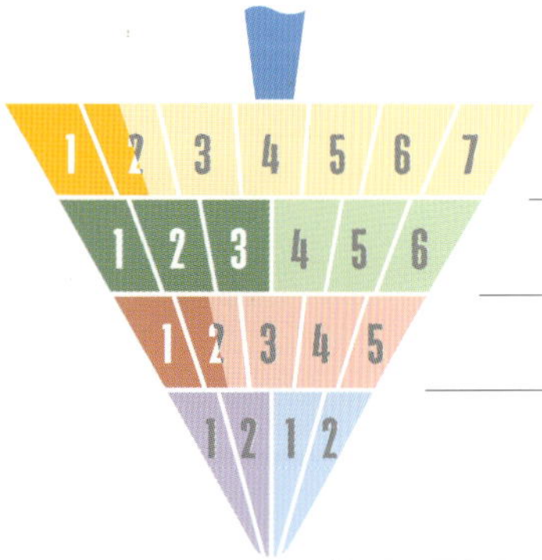

	白米	レタスのナムル	具だくさん餃子スープ	計
エネルギー	285 kcal	73 kcal	137 kcal	495 kcal
主食	1.5 SV			1.5 SV
副菜		1.5 SV	1.5 SV	3.0 SV
主菜		1.0 SV	0.5 SV	1.5 SV
牛乳・乳製品				
果物				

酢使用量 7.5 ml

食塩 2.3 g

食物繊維 5.9 g

主食はごはんを茶碗一杯つけた場合となっています。

食材メモ

ちりめんじゃこ

イワシなどの稚魚（全長3cm以下）の煮干しを指します。使用されているイワシの種類は主にマイワシとカタクチイワシです。

栄養

ビタミン D、およびカルシウムが多く含まれています。カルシウムは今回のレシピで 1 人前 (10g) あたり 52mg 摂取することができます（半乾燥品の場合）。ただし、ちりめんじゃこには塩分も含まれますので、塩分の取りすぎには気をつけましょう。

使い方

葉野菜などのおひたしにトッピングしたり、大根おろしやゴマとともに和えて、酢じょうゆをかけて食べてもおいしいです。

きくらげ

中国では古くから食されているきのこ類です。きくらげには、茶褐色のキクラゲ、アラゲキクラゲ（ともにキクラゲ科）と、白色のシロキクラゲ（シロキクラゲ科）などがあります。

栄養

ビタミン D が多く含まれ、カルシウムの吸収を助けます。きくらげの種類によっても含有量が異なり、100g 中にアラゲキクラゲ（乾燥）では 69.6μg、キクラゲ（乾燥）では 435.0μg、シロキクラゲ(乾燥)では 970.0μg 含まれます。また食物繊維が豊富なので、便通を良くします。脂肪の代謝を助けるビタミンB_2を含み、コレステロール吸収を低下させる働きもあります。

使い方

水につけて戻した後、せん切りにして炒め物やスープなどに入れると美味しいです。このとき、あまり細かく切らないほうが、きくらげのコリコリした食感を楽しみながら食べられます。

プラすレシピ 6

酢イーツ

豆乳レアチーズケーキ：104 kcal / 全量

このケーキはクリームチーズを使わず、お酢の作用により豆乳が固まるので、とてもヘルシーです。ブルーベリーソースにもお酢を加えていますが、不思議と酸っぱくなくて美味しくいただけます。余ったブルーベリーソースはパンやヨーグルトにもどうぞお試しください。

材料［2人分］

豆乳…150cc
リンゴ酢…大さじ 1
粉ゼラチン…1.5g
湯…大さじ 1/2
A
- プレーンヨーグルト…25g
- 上白糖…15g
- リンゴ酢…小さじ 1
- レモン汁…小さじ 1/2

クラッカー…2 枚
〈ソース〉（作りやすい分量）
B
- ブルーベリー…100g
- 水…35ml
- グラニュー糖…35g

リンゴ酢…小さじ 1

作り方

1. 豆乳を鍋で沸騰直前まで加熱し、火を止めてリンゴ酢を加える。
2. 約 10 分して固まってきたらペーパータオルをひいたザルでこす。
3. ソースを作る。鍋に B を入れて中火で煮つめ、火を止めてリンゴ酢を入れる。
4. 粉ゼラチンに湯を入れてふやかす。
5. ボウルに *2* を入れ、A を順に入れながらそのつどよくかき混ぜる。
6. *5* を少量ずつ *4* でのばしながら合わせる。
7. 容器に砕いたクラッカーをのせて *6* を流し、冷蔵庫で冷やす。

カルシウムが不足している

日本人の栄養摂取状況を調査した結果では、カルシウム摂取がまだ十分ではないようです。カルシウムは牛乳や小魚、ひじきなどに多く含まれています。牛乳をコップ半分（100cc）摂取しても必要量（推奨量）の 6 分の 1 〜 7 分の 1 しか充足できないので小魚などから摂取することが必要となります。魚やきのこにはビタミン D というカルシウムの吸収を促進するビタミンが含まれているので、魚やきのこを一緒に摂るとカルシウム吸収の効率が上がります。

カルシウムやビタミンＣを含む野菜のレシピ

えびの甘酢 ＋じゃがいもとブロッコリーのホットサラダ

カルシウムは日本人にとって最も不足している栄養素です。また、ビタミンＣはビタミンの中で最も多く摂取する必要があるビタミンです。チンゲン菜はカルシウム、じゃがいもとブロッコリーはビタミンＣを多く含む食材です。

えびの甘酢

184 kcal / 1 人分

◎ 材料［2 人分］

えび…10 ～ 14 尾（120g）
片栗粉…大さじ 1
玉ねぎ…1/2 玉（100g）
チンゲン菜…1/2 株（70g）
サラダ油 …大さじ 1

A
- 酒…大さじ 2
- 濃口しょうゆ…小さじ 2
- みりん…小さじ 2

穀物酢…大さじ 1

◎ 作り方

1 えびの殻をとり、背を少し切り背わたを除く。玉ねぎは適当な大きさでくし形に切る。**A** を合わせておく。チンゲン菜はゆでて冷水にとっておく。

2 ビニール袋に **1** のえびを入れて片栗粉をまぶす。

3 フライパンにサラダ油（分量の 2/3）をひき、**2** を焼く。

4 えびを一度取り出し、再びフライパンに少量のサラダ油（分量の 1/3）をひき、玉ねぎを炒める。

えびの片栗粉がほどよくトロミを増します .

5 **4** に **A** を加え、えびを戻す。とろみがつくまで加熱する

6 火を止めて、仕上げに穀物酢を加える。**1** のチンゲン菜と共に盛り付ける。

じゃがいもとブロッコリーのホットサラダ

160 kcal / 1 人分

◎ 材料［2 人分］

じゃがいも…2 個（200g）
ブロッコリー…1/2 株（100g）
ベーコン…20g

A
- 酒…大さじ 2
- 穀物酢…大さじ 1
- 砂糖…小さじ 1
- 塩・こしょう…少々
- バジル（粉）…少々

◎ 作り方

1 じゃがいもは皮をむき、適当な大きさに切る。ブロッコリーも適当な大きさに切る。ベーコンを細かく切っておく。

2 **1** をそれぞれ耐熱容器に入れ、大さじ 1 程度の水をふって電子レンジでやわらかくなるまで加熱する。

茹でるよりもビタミンの損失が抑えられます .

ベーコンがはねるので注意してください .

3 フライパンで **1** のベーコンを炒め、火を止めてから **A** を入れ、余熱で軽く火を通す。

4 **2** に **3** をかける。

食事バランスガイド

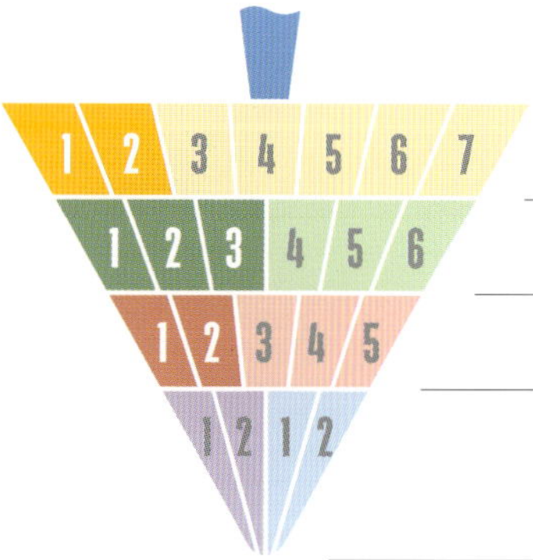

	白米	えびの甘酢	じゃがいもとブロッコリーのホットサラダ	計
エネルギー	285 kcal	184 kcal	160kcal	629kcal
主食	1.5SV			1.5 SV
副菜		1.0 SV	2.0 SV	3.0 SV
主菜		2.0 SV		2.0 SV
牛乳・乳製品				
果物				

主食はごはんを茶碗一杯つけた場合となっています。

酢使用量 15 ml

食塩 1.8 g

食物繊維 4.7 g

食材メモ

えび

えびの一般的な旬は夏とされており、ブラックタイガーなど泳ぎに適した体形をしたものと、イセエビなど歩行に適した体形をしているものがあります。

栄養

高たんぱく質、低脂肪の食材です。また、肝機能改善効果や血中コレステロール低下作用があると報告されているタウリンも多く含まれます。さくらえびはまるごと食べられるため、カルシウム源として有効です。

選び方 保存法

殻が硬く、身がしっかりとしているものを選びましょう。一般的にえびは鮮度低下が速いので、購入後はなるべく早く食べるとよいでしょう。冷凍品や解凍品を購入するときは、急速冷凍処理されたものを選びましょう。

使い方

鮮度がよいものは刺身としても食べられます。また、天ぷらや炒め物、塩焼き、エビマヨなど、和洋中問わず色々な料理に応用できます。

チンゲン菜

「中国野菜」の一つとして、1970 年代の日中国交回復の頃に日本に導入されました。流通しているものは国内産がほとんどです。本場中国では小さいものからでも利用されています。

栄養

ビタミン A 効力のあるβ- カロテンや、ビタミン C を多く含みます。また、カルシウムも 100g 中 100mg と多く含まれており、ほうれん草の 2 倍程度も含まれています。美白効果があるとの報告もあるようです。

選び方 保存法

みずみずしく、シャキっとしている物を選びましょう。葉が黄色く変色しかかっているものは鮮度が落ちかけているので避けましょう。高温や乾燥条件では鮮度が低下します。そのため、新聞紙にくるんで野菜室に立てて置くとより長持ちします。さらに長持ちさせたい時は、軽く湯通しして冷凍保存するとよいでしょう。

使い方

炒め物、おひたしなど幅広く利用できます。加熱により葉の色は濃く美しく冴え、味は淡白でアクはありませんが風味があり、軟らかく歯切れがよいため、それらを生かす食べ方をするとよいでしょう。干しシイタケ、干しエビ、干し貝柱など、旨味の濃い材料とよく合います。

飲む酢ドリンク

抹茶みるくパイン　93 kcal / 1 人分

見た目と味にものすごいギャップが…！抹茶はきれいに溶けないと思いますが、おうちでは気にせずに飲んでください。少量の水で溶いてから残りの材料を入れることでダマはできにくくなります。見た目と味のギャップを楽しんでください。

● 材料 [2 人分]

抹茶…ティースプーン 2 杯
湯または水…少量
100%パインジュース…200ml
牛乳…100ml
穀物酢…大さじ 2

● 作り方

1. 全ての材料をすべて混ぜ合わせる。

魚の脂肪と食肉の脂肪

魚は、お肉と同じように動物性のタンパク質と動物性の脂質を含んでいます。動物性タンパク質は、植物性タンパク質に比べて一般的に栄養価が高いのが特徴です。一方食肉などに含まれる動物性の脂質は、ヒトの体に貯まりやすい性質を持っていて、食べ過ぎると肥満に繋がるものですが、魚に含まれる脂質は動物性脂質でありながらお肉の脂質とは少し違った性質があります。魚の脂質はヒトの体内に貯まりにくく、また青魚などに豊富に含まれる DHA や EPA と呼ばれる脂質は動脈硬化を予防する作用があるといわれています。魚は若い人には敬遠されがちですが、肉と魚をバランスよく摂るのがよいですね。

バランスのとれた食事で夏バテを撃退

夏野菜たっぷり冷製パスタ

＋ヴィシソワーズ

この一品で主食、主菜、副菜を兼ねたパスタです。
このメニューにヴィシソワーズを添えると、いも類も無理なく取ることができます。
ヴィシソワーズはミキサーを使えば10分ででき、塩分の調節もできるのでヘルシーです。

夏野菜たっぷり冷製パスタ

481 kcal / 1 人分

◎材料 [2 人分]

パスタ…2束
ツナ…1缶
きゅうり…1本
オクラ…6本
大葉…2枚
ミニトマト…10 個
大根 (上の部位)…1/4 本
貝割れ大根…1/2 パック

A
- 穀物酢…大さじ 4
- 濃い口しょうゆ …大さじ 1
- レモン汁…大さじ 1

◎作り方

1 鍋に湯を張り、パスタを指定時間ゆでる。

2 きゅうりは縦半分に切り、斜めに半月切りにし、貝割れ大根は根もとを切り落としておく。

3 大場は千切りにして、水にさらしておく。

巻いてから切ると切りやすい .

4 オクラはさっとゆでて、薄くスライスする。

5 ミニトマトは半分に切り、大根はすりおろしておく。

大根おろしが味の決め手です .
他の野菜や薬味は
好みによって変えられます .

6 お皿にパスタをのせ、全ての具材を盛りつけて **A** をかける。

簡単＆華やかな盛りつけで
食欲アップします .

ヴィシソワーズ

112 kcal / 1 人分

◎材料 [2 人分]

じゃがいも…中 1 個
玉ねぎ…中 1/4 玉
バター…小さじ 1
水…1 カップ (200cc)
コンソメ…小さじ 1
無調製豆乳…1 カップ
こしょう…少々
パセリ…適量

◎作り方

薄くスライスすることで、
早くやわらかくなります .

1 じゃがいもと玉ねぎは薄くスライスする。

2 鍋にバターを入れて中火で玉ねぎを炒める。

3 水とコンソメを入れ、じゃがいもを入れて約 5 分煮つめる。

4 ミキサーにかけて豆乳を加え、こしょうで味を調える。

フードプロセッサーだと
後片付けも簡単です .

5 粗熱が取れたら冷蔵庫で冷やし、パセリをちらす。

食事バランスガイド

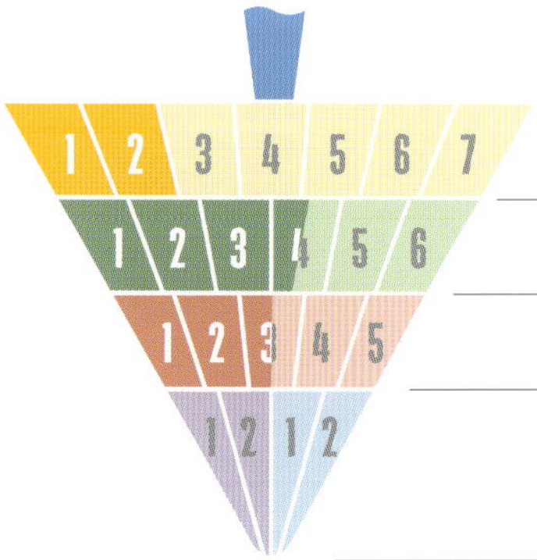

	夏野菜のさっぱり冷製パスタ	豆乳ヴィシソワーズ	計
エネルギー	481 kcal	112 kcal	593 kcal
主食	2.0 SV		2.0 SV
副菜	3.0 SV	0.5 SV	3.5 SV
主菜	1.5 SV	1.0 SV	2.5 SV
牛乳・乳製品			
果物			

酢使用量 30 ml

食塩 1.9 g

食物繊維 7.9 g

食材メモ

貝割れ大根

大根の種を暗い環境下で発芽させ、ある程度成長してから緑化させたものです。市場に出回っているものは茎が白いものが大半ですが、茎が赤紫色をしたタイプもあります。

栄養

ビタミンCやビタミンEを含むため、抗酸化作用があります。また免疫力を高めるβ-カロテンや、葉酸などのビタミンを豊富に含みます。

選び方 保存法

葉がみずみずしく、茎がシャキっと立っているものを選びましょう。あまり日持ちしないので、購入後は早めに食べることをおすすめします。どうしても保存が必要なときは、水を含ませた脱脂綿や水を入れた小ビンなどに根っこをつけ、冷蔵庫で保存するとよいでしょう。

オクラ

江戸時代末期に日本に入ってきた、アオイ科の夏野菜です。さやの長さや稜角（とがった角）等により「五角種」「多角種」「丸さや種」の３つに大きく分けられます。緑色をしたオクラが主流ですが、紅色種という朱色をしたオクラもあります。

栄養

カルシウムを多く含むほか、β-カロテンや葉酸、また便秘予防になる食物繊維を多く含みます。

選び方 保存法

濃い緑色をしており、切り口が新鮮なものを選びましょう。冷蔵庫の温度（４℃）では低温障害が発生しやすいため、新聞紙にくるんで野菜室（７℃程度）に保存するか、さっと塩茹でして冷凍庫で保存すると美味しくいただけます。

使い方

炒め物、煮物、酢の物、付け合せとしても利用できます。また、星型を生かして汁物の具や料理のトッピングにも応用できます。

プラすレシピ 8

酢の調味料

酢タミナおろしだれ：7 kcal / 大さじ 1　食塩 0.9g

大根をおろして、後は他の材料と混ぜて完成。にんにくの量はお好みでどうぞ。焼肉や冷しゃぶによく合います。あっさりかつコクのあるたれを使いたいという時は是非お役立てください。

● 材料

大根おろし…大さじ 2
濃い口しょうゆ… 大さじ 2
穀物酢…大さじ 2
おろしにんにく…適量

● 作り方

1. 全ての材料を混ぜ合わせる。

お酢の歴史

食酢は、紀元前 5 千年頃の古代バビロニアの時代から、ナツメヤシや干しブドウのお酒を原料にして作られていたという記録があります。その後現代に至るまで、イギリスでは大麦を原料としたモルトビネガー、フランスではブドウを原料にしたワインビネガー、スペインではシェリーを原料としたシェリービネガー、中国では米を原料にした米酢が作られるなど、その地方独特の原料を使って食酢が作られてきました。日本には 4 ～ 5 世紀頃に中国から伝わり、奈良時代には食酢を調味料として使用していたことが万葉集に詠まれています。

血行促進メニュー

たこライス ＋粒々コーンソメスープ

たこのタウリンは中性脂肪を減らすと言われており、唐辛子の辛味成分カプサイシンは疲労回復、血行促進、肥満予防効果があります。発汗を促すように、スープで適量水分補給を試みました。

たこライス

511 kcal / 1 人分

◎ 材料［2 人分］

白米…1.5 合
カットトマト（缶）…3/4 缶 (300g)
たこ…80g
レタス…3 枚 (120g)
オリーブオイル…少量
おろしにんにく…適量
穀物酢…大さじ 2
粉チーズ…適量
タバスコ…適量

A
- コンソメ…4g
- 濃い口しょうゆ…小さじ 1
- こしょう…少々

◎ 作り方

1 米を炊いておく。

2 たこを薄切り、レタスを6～7mm 幅の細切りにする。

3 フライパンを火にかけ、少量のオリーブオイルを熱し、にんにくを炒めて香りを出す。

4 カットトマトを入れて炒め、たこを入れてさらに炒める。少し水分を飛ばすようにする。

5 A で味付けし、火を止めて穀物酢を加える。

6 盛り付ける。

お酢を加えることで味が締まります．

粒々コーンソメスープ

50 kcal / 1 人分

◎ 材料［2 人分］

コーン…1/2 缶 (75g)
玉ねぎ…2/3 玉 (80g)
コンソメ…4g
水…400ml

◎ 作り方

1 鍋に水を入れ火にかける。

2 玉ねぎをみじん切り（コーンぐらいの大きさ）にする。

粒の大きさを合わせることで食感が good ！

3 沸騰した湯にコンソメと具を入れて、2～3 分加熱する。

食事バランスガイド

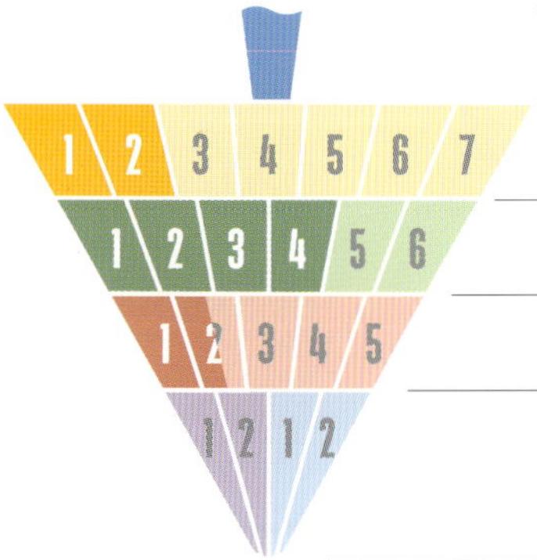

	たこライス	粒々コーンソメスープ	計
エネルギー	511 kcal	50 kcal	561 kcal
主食	2.0 SV		2.0 SV
副菜	3.0 SV	1.0 SV	4.0 SV
主菜	1.5 SV		1.5 SV
牛乳・乳製品			
果物			

酢使用量 15 ml

食塩 3.8 g

食物繊維 5.1 g

食材メモ

にんにく

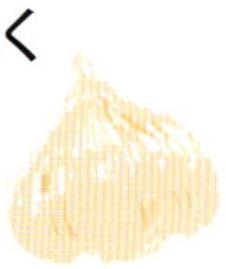

中央アジア原産とされているユリ科の野菜です。10 世紀頃には日本に入ってきていたと考えられています。主な生産地は青森県や香川県などです。にんにく特有のニオイは、アリインやアリルスルフィド類に起因します。

栄養　タンパク質・アミノ酸の代謝に必須のビタミンB_6をかなり多く含みます。またビタミンB_1を体内へ吸収しやすくする成分であるアリシンを含みます。その他抗ガン作用・抗炎症作用なども期待されています。

選び方保存法　新聞紙などに包んで冷蔵庫（チルドなど）に入れると比較的日持ちします。さらに長持ちさせたい場合は薄皮をむいて冷凍保存するとよいでしょう。スライスやすり下ろすなどの処理をして冷凍保存すると、便利です。

使い方　生食（すり下ろし、調味料漬けなど）のほか、網焼きなどで焼いて塩を振って食べても美味しいです。基本的には調味料や香辛料として料理に使われることが多い食材です。

タバスコ

いわゆる調味料としての「タバスコ」は登録商品名であり、通常は「チリペッパーソース」と言います。タバスコの原料の唐辛子はキダチトウガラシで、すり潰した後、蒸留酢と岩塩を加えて熟成させます。

栄養　唐辛子を原料として用いているので、ビタミンA効力のあるβ-カロテンを多く含むほか、ビタミンC、ビタミンE、ナイアシン、ビタミンB_6も多く含まれます。辛味成分のカプサイシンにはエネルギー代謝促進作用があるほか、食欲増進や抗酸化作用があります。

使い方　ピザやパスタなどにアクセントとして少量使用するほか、「ブラッディー・マリー」というカクテル（ウォッカとトマトジュースがベース）に好みで少し加えることもあります。

プラすレシピ 9

物足りないときのもう一品

はちみつピクルス：23 kcal / 1 人分

加熱しなくても溶けるようにはちみつを使いました。ピクルス液の配分はお酢：はちみつ＝2：1。朝食やおやつ、お父さんのおつまみにもどうぞ。ピクルス液の配分さえ覚えておけば、いろんなピクルスにアレンジできます。

● 材料［2 人分］

小かぶ…2 個

A［ お好みのお酢… 200ml
　　はちみつ…100ml

● 作り方

1. 鍋にお湯を沸かし、瓶を煮沸消毒する。
2. 小かぶは皮をむき，1/4 に切る。
3. 瓶に A と小かぶを入れ、冷蔵庫で半日以上つける。

小かぶの他に、レモン、パプリカ、カリフラワー、にんじんなどもおいしいです．

まとめ食いには要注意！

ダイエットのために食事を 1 食抜いたりすると、1 回の食を多くとってしまい、かえって食べ過ぎてしまうことがあります。1 日に食べる量を 1 回または 2 回でとるのと 3 回でとるのとでは、1 回・2 回の方が太りやすくなります。食事は 3 回リズム正しくとるのが合理的です。また夕食の時間が遅くなりすぎるのは、朝食が入らなかったり、食欲がわかなかったりする原因になってしまいます。就寝直前の夕食・夜食は太る原因になりますので、要注意です。

貧血予防、冷え性改善

牛肉と野菜炒めのバルサミコ酢風ソースかけ

＋しめじときゅうりのキムチ和え

牛肉には良質なタンパク質、ビタミンに加えて、鉄分が豊富に含まれます。
また副菜に用いたキムチは、乳酸菌による発酵食品であり、ビタミンB12を多く含みます。
鉄やビタミンB12は貧血予防に働きます

牛肉と野菜炒めの
バルサミコ酢風ソースかけ

188 kcal / 1 人分

◎ 材料 [2 人分]

牛肉…120g
玉ねぎ…中 2/3 玉 (160g)
キャベツ… 1 枚 (60g)
にんじん…中 1/3 本 (40g)
サラダ油…少量
塩・こしょう…少々

A
- 濃い口しょうゆ…小さじ 2
- みりん…小さじ 2
- 酒…　大さじ 1

バルサミコ酢…小さじ 2

◎ 作り方

1 玉ねぎは 5 mm 幅に薄切り、キャベツは適当な大きさにざく切り、にんじんは斜め薄切りにする。

2 フライパンに少量のサラダ油をひき、牛肉を塩・こしょうで炒める。

3 **1** を入れ、さらに炒める。

4 **3** に **A** を加え軽く炒める。

5 火を止めて、バルサミコ酢を加える。

バルサミコ酢は加熱後に！

しめじときゅうりのキムチ和え

25 kcal / 1 人分

◎ 材料 [2 人分]

しめじ… 1 パック (140g)
きゅうり… 1 本 (80g)

A
- キムチの素…大さじ 1/2
- かつお節…適量
- 穀物酢…小さじ 2

◎ 作り方

1 しめじは石づきを取りばらばらにほぐし、5 分ほど電子レンジにかけ、ざるにあげておく。

2 きゅうりはヘタを取り、食べやすい大きさの乱切りにする。

3 しめじが冷めたら、きゅうりと合わせ、**A** で和える。

かつお節でうま味アップ .

食事バランスガイド

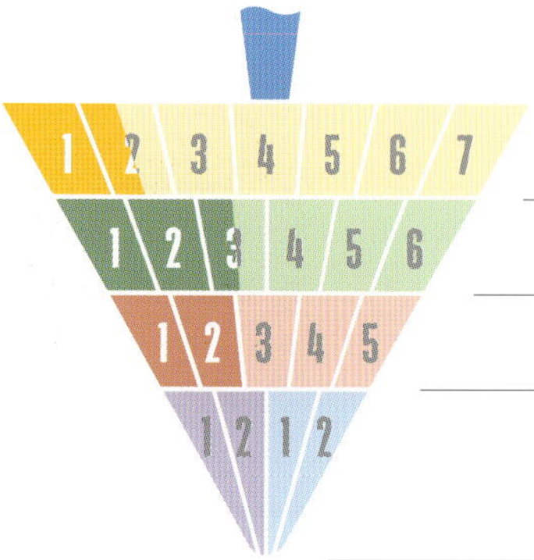

	白米	牛肉と野菜炒めのバルサミコ酢風ソース	しめじときゅうりのキムチ和え	計
エネルギー	285 kcal	188 kcal	25 kcal	497 kcal
主食	1.5 SV			1.5 SV
副菜		2.0 SV	1.5 SV	3.5 SV
主菜		2.0 SV		2.0V
牛乳・乳製品				
果物				

酢使用量 5 ml

食塩 1.9 g

食物繊維 5.3 g

主食はごはんを茶碗一杯つけた場合となっています。

食材メモ

牛肉

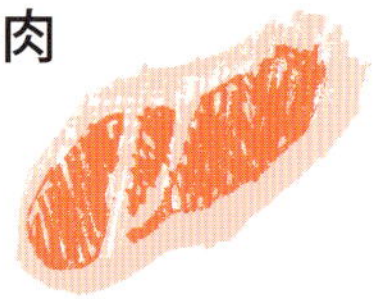

現在、日本で食用として利用されているのは、和牛、乳用牛、輸入牛です。和牛とは、日本の在来種牛に外国種を掛け合わせた牛のことを指します。乳用牛は搾乳を目的とする牛で、日本では多くがホルスタイン種です。乳用の雄子牛を肉用に肥育した「乳用雄肥育牛」は、一般的にスーパーで目にする牛肉です。

栄養

良質のタンパク質を含みますが、脂肪の含量も高いので食べ過ぎに注意が必要です。特に脂肪が交雑した和牛の霜降り肉は美味とされます。ビタミンではナイアシン、ビタミンB_2、ビタミンB_6が多いため、エネルギー代謝やタンパク質の代謝を助けます。

選び方

牛肉は部位によって性質が変わってくるので、用途ごとに使い分けるとより美味しさが増します。また、老齢になるにつれて黒ずんだ赤色になるので、赤みが鮮やかなものを選びましょう。

使い方

たたきのように生食する食べ方や、焼く、煮る、炒めるなど、調理の幅が広い食材です。

バルサミコ酢

イタリアのエミリア・ロマーナ州北部（モデナ地方）で作られている、ぶどう果汁を熟成させて作られるお酢です。バルサミコ (Balsamico) はイタリア語で「芳香性の」「バルサム（樹脂の一つ）のような」という意味であり、香り高く、ほのかに甘味があります。

栄養

本来の製法は、ブドウ果汁を最低 12 年熟成させて作られているもので、ワインを原料とするブドウ酢の製法とは全く異なります。そのため一般市場で出回っている普及品は、本来の製法で作られたものではなく、ブドウ酢に着色料、香料、カラメルなどを添加して作られたものがほとんどです。普及品には酢酸、クエン酸、酒石酸、ブドウ糖などが含まれます。

使い方

サラダなどにかける他、甘味を利用して果物やアイスクリームなどデザートにかけることもあります。

エネルギー０タイプの炭酸水を使うと50kcal/ グラス１杯分になります.

お酢のデザート

はちみつピクルスのサイダーゼリー：83 kcal / グラス 1 杯分

43 ページのレモンのはちみつピクルスを使った簡単レシピです。調理時間も短いので、前もって作っておき、冷蔵庫で冷やしておくとよいでしょう。作り方 3 で混ぜ具合によって食感が変わるので、何度かチャレンジしてみてください。

● 材料［小さめのグラス２個分］

A ［ レモンのはちみつピクルス液…大さじ3
　 炭酸水…160cc…適量
粉ゼラチン…小さじ１(5g)
ぬるま湯…大さじ１
フルーツ…適量
(ここではすいかとメロン)

均一に仕上げるため、Aを室温に戻しておく.

● 作り方

1. 好みのフルーツを丸いスプーンでくりぬきグラスに入れておく。
2. 粉ゼラチンにぬるま湯を入れてふやかす。
3. ボウルにAを入れ、すばやく 2 を入れて混ぜる。
4. グラスに流し、冷蔵庫で冷やす。

野菜をたくさんとるということ（野菜のメリットポリフェノール）

野菜や果物を切ると切断面が褐色に変化します。これはポリフェノール成分によるもので、野菜の中には多く含まれています。ポリフェノールは、一般的に抗酸化作用があり、血液中に微量に吸収されて、老化や疾病に関与するといわれる活性酸素を抑制します。ブドウの皮やブルーベリー、またナスの皮の色素成分もポリフェノール化合物の一つです。ポリフェノール化合物の中には動脈硬化の予防、高血糖の予防、また肥満の予防作用をするものもあり、その多機能性が注目されています。

ゴーヤとお酢で夏バテ解消

ゴーヤチャンプルー ＋ もずくの冷や汁

ゴーヤのビタミンCは加熱損失しにくく、このメニューで1日の必要量の約1/3が取れます。“もずくの冷や汁”はもずくとトマトのうまみがお酢とよくマッチし、またお酢を加えることで味がぐっと締まります。

ゴーヤーチャンプルー

271 kcal / 1 人分

◎ 材料 [2 人分]

ゴーヤ…中 1 本 (160g)
絹ごし豆腐…1 丁 (300g)
豚ばら肉…40g
卵…1 個
塩…少々
サラダ油…小量
穀物酢…大さじ 1

A
酒…大さじ 1
濃口しょうゆ…小さじ 1
みそ…小さじ 1
砂糖…大さじ 1
かつお節…1 パック

◎ 作り方

1 豆腐はクッキングペーパーに包み、重石をして水を切っておく。(時間がない時は電子レンジで 1 分加熱する)

2 ゴーヤは縦割りにしてわたを取り、薄切りにし塩少々をふっておく。

3 卵は塩で調味し、といておく。

4 フライパンにサラダ油をしき、一口大に切った豆腐を炒めて取り出す。

始めに少し火を通すことでつぶれにくくなります .

5 豚肉、水洗いして少し絞ったゴーヤの順に炒め、豆腐を加える。

かきまぜすぎに注意して、半熟くらいでサッと器にうつしましょう .

6 **A** を加え、とき卵をまわし入れて火を止め、最後に穀物酢を加えて 2,3 回ゆする。

もずくの冷や汁

51 kcal / 1 人分

◎ 材料 [2 人分]

洗いもずく…1 パック (100g)
きゅうり…1 本
塩…適量
みょうが…2 本 (20g)
あさつき…適量
ミニトマト…2 個
だし汁…200cc

A
濃口しょうゆ…小さじ 1
砂糖…小さじ 1
穀物酢…大さじ 2
白ごま…小さじ 2

◎ 作り方

1 きゅうりとみょうがは薄い輪切りにし、あさつきは小口切りにする。

2 きゅうりは塩もみし、水気を切る。

3 ミニトマトは湯むきしておく。

だし汁で湯むきすれば味付けもできます .

4 だし汁に A を加え、あさつき以外の具材を加えて冷やしておく。

5 器にいれてあさつきを散らす。

食事バランスガイド

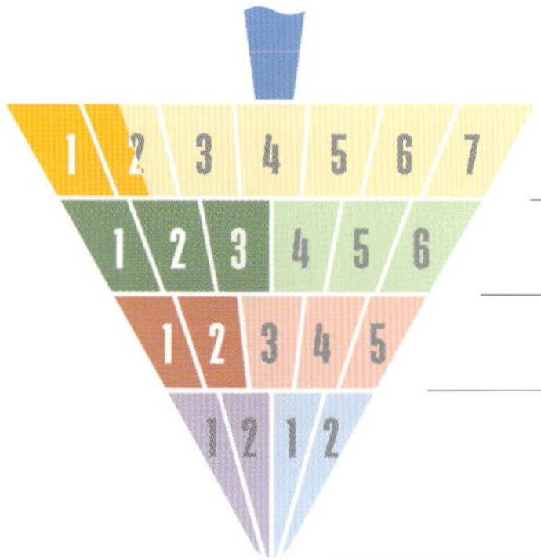

	白米	ゴーヤチャンプルー	もずくの冷や汁	計
エネルギー	285 kcal	271 kcal	51 kcal	606 kcal
主食	1.5 SV			1.5 SV
副菜		1.0 SV	2.0 SV	3.0 SV
主菜		2.0 SV		2.0 SV
牛乳・乳製品				
果物				

酢使用量 22.5ml

食塩 2.0g

食物繊維 5.0g

主食はごはんを茶碗一杯つけた場合となっています。

食材メモ

ゴーヤ

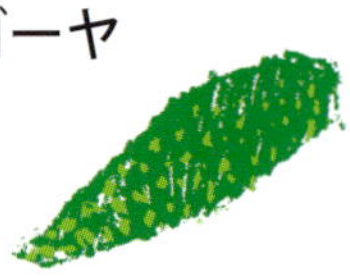

正式名は「ツルレイシ」ですが、一般的には「にがうり」または沖縄の方言から「ゴーヤ」または「ゴーヤー」と呼ばれることが多いようです。東インド原産とされています。

栄養　ビタミンCが豊富です。ゴーヤのビタミンCは加熱しても壊れにくいのが特徴です。またゴーヤ独特の苦味があります。苦味成分には食欲増進と健胃効果があると言われています。

選び方 保存法　みずみずしく表面がつややかなものを選びましょう。保存時は真ん中の種とわたを取り、水気を切って新聞紙で包んで冷蔵保存すると日持ちします。また、スライスしてさっと湯がき、冷凍保存してもいいでしょう。

使い方　他の食材と炒めるほか、酢の物、煮物や、絞ってジュースにしたり、乾燥させてお茶にして飲むこともできます。

もずく

ホンダワラやツルモに着生して育つところから「藻付く」と名づけられた藻類です。主にモズク、フトモズク、イシモズクが食用として利用されていますが、地方によってはそれ以外のもずくを利用するところもあります。

栄養　表面に粘質成分であるフコイダンという成分を含んでいます。最近、フコイダンのがん抑制作用が報告され、健康食品として脚光を浴びるようになりました。

保存法　通常市販されているもずくは塩蔵されており、比較的日持ちします。また加工品としてパック詰めの酢の物も流通しています。塩蔵品は、冷凍保存することも可能です。使う前には必ず塩抜きをしましょう。

使い方　酢の物以外にも、汁物の具や天ぷらとしても美味しくいただけます。

プラすレシピ 11

酢イーツ

なんちゃってレモンティー寒天：39 kcal / 全量

紅茶にお酢を加えて固めると酸味を感じにくくなります。紅茶はあまり濃く出さない方が酸味が抑えられます。冷やし固めるときは出来るだけ素早く冷やすと透明感がアップします。

● 材料［2人分］

水 250ml
紅茶ティーバッグ…1つ
砂糖…大さじ2
粉寒天…1.5g
※粉ゼラチン 5gでもできます。
穀物酢…大さじ2

● 作り方

1. 小さめの鍋に水を入れ、その上に粉寒天を入れふやかす。
2. 沸騰させ、粉寒天を完全に溶かす（粉ゼラチンを用いる場合は沸騰させたところに振り入れて溶かす）
3. ティーバッグを入れ、紅茶を出す。砂糖も入れて溶かす。
4. 火をとめて穀物酢を加える。
5. 型にいれて冷やし固める。

機能性食品の落とし穴

脂肪は体にとって必要な栄養素ですが、過剰に摂取すると肥満を招きます。肥満はメタボリックシンドロームなどの原因となるため、肥満の解消をうたった健康食品がたくさん市販されています。しかし健康食品の中には効能がはっきりしないまま市販されているものが多いので、安易に「○○に効く！」という宣伝文句のみを信用するのは危険です。

疲れた時の一品

アジの南蛮漬け ＋ほっくりパンプキン

お酢にはカルシウムが体内に吸収されるのを促進する作用があるため、魚の南蛮漬けにはストレス解消やイライラ解消が期待できます。

アジの南蛮漬け

259 kcal / 1 人分

◎ 材料 [2 人分]

アジ…2 尾
レタス…2 枚 (40g)
貝割れ大根…1/2 パック（10g）
玉ねぎ…1/4 玉（60g）
パプリカ（赤・黄）…各 1/2 個
大葉…2 枚（2g）
塩・こしょう…少々
小麦粉…適量
A ┌ 穀物酢…1/2 カップ（100cc）
　│ レモンピクルス液…1 カップ（200cc）
　│ レモンピクルス…2 枚
　└ 赤とうがらし（あれば）…1 本
揚げ油…適量

◎ 作り方

下準備：レモンピクルスをあらかじめつくっておく。
（作り方は 43 ページ）

1 玉ねぎとパプリカは薄切りに、大葉はせん切りにしておく。

2 アジに塩こしょうをし、小麦粉をつけて揚げる。

3 A のつけ液に 1 を入れ、揚げたての 2 を漬ける。

揚げたてを液に漬けると味がしみやすいです．

4 器に一口大にちぎったレタスを盛り、**3**、貝割れ大根をトッピングする。

ほっくりパンプキン

110 kcal / 1 人分

◎ 材料 [2 人分]

かぼちゃ…1/8 切れ
レーズン…10g
マヨネーズ…小さじ 1
まつの実…適量（他のナッツでも）

◎ 作り方

1 耐熱容器にざく切りにしたかぼちゃを入れ電子レンジで 3 分加熱し、つぶす。

2 細かく切ったレーズン、マヨネーズを加えて混ぜ合わせる。

3 まつの実をトッピングする。

食事バランスガイド

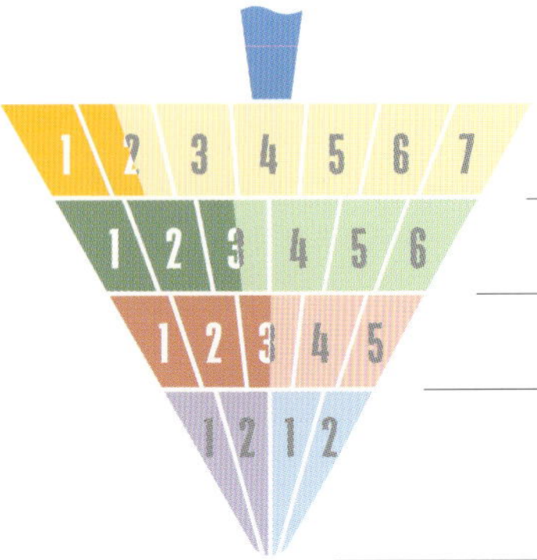

	白米	アジの南蛮漬け	ほっくりパンプキン	計
エネルギー	285 kcal	259 kcal	95 kcal	639 kcal
主食	1.5 SV			1.5 SV
副菜		1.0 SV	1.5 SV	2.5 SV
主菜		2.5 SV		2.5 SV
牛乳・乳製品				
果物				

酢使用量 83 ml

食塩 0.7 g

食物繊維 5.9 g

主食はごはんを茶碗一杯つけた場合となっています。

食材メモ

アジ

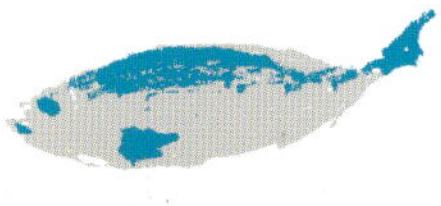

マアジ、ムロアジ、シマアジなどの種類があります。体の中央付近に「ゼイゴ」と呼ばれる鱗（稜鱗）があるのが特徴です。日本近海を広く回遊しており、一年中出回ってはいますが、旬は夏です。

栄養

多価不飽和脂肪酸が豊富に含まれ、動脈硬化などの予防に役立ちます。その他、ビタミンDが多いので、カルシウムの吸収を促進します。ナイアシン、ビタミンB_6も豊富です。

選び方 保存法

目やえらに出血がなく、表面が青光りして張りがあるものが鮮度がよいものです。

使い方

鮮度のよいものは刺身やたたきなど生食するほか、青魚にしては味にクセが少ないので、焼き物、煮物、揚げ物、和え物など広く応用できます。

大葉

シソのうち、青シソのことを「大葉」といいます。中国、ミャンマー原産のシソ科の植物で、東洋温帯地域に広く分布しています。大葉は香りが強く、その主成分はペリルアルデヒド（perillaldehyde）です。

栄養

ビタミンとミネラルの多い食材です。β-カロテンを多く含む他、ビタミンEが豊富なので、抗酸化作用があります。また、ビタミンKやカルシウムも豊富なので骨を丈夫にします。カリウムなどのミネラルも多いのが特徴です。ペリルアルデヒドの薬理作用として食欲増進、消化促進作用や発汗、利尿効果などがあります。

選び方 保存法

大葉は鮮度が落ちると葉がしなしなになり、葉色が黒ずんでくるので、みずみずしくパリッとしたものを選びましょう。保存する時は、水で濡らしたキッチンペーパーに小分けして包み、袋に入れて乾燥しないようにし、野菜室で保存するとよいでしょう。ですが、大葉特有の香りはどうしても弱くなりますので、購入後は早めに使い切りましょう。

使い方

薬味や料理のトッピングとして利用するほか、天ぷら、刺身のつまとしても使えます。

プラすレシピ ⑫

物足りないときのもう１品

彩り寒天寄せ：36 kcal / 1 人分

見た目にも味も夏にぴったりの一品です。1人分ずつに分けて、ガラスの器などに入れると涼しげです。コーンや枝豆の粒々感と、少し酸味の効いた寒天がよく合い、サラダ感覚で食べられます。

● 材料［2人分］

えび…6尾
きゅうり…1/4本
枝豆…15粒程度
コーン（缶）…小1/2缶
粉寒天…2g
A ┌ だしの素…小さじ1/2
　 │ 塩…1g
　 └ 砂糖…小さじ1
穀物酢…大さじ1

● 作り方

1. えびは殻と背わたを除き、ゆでておく。きゅうりは粗いみじん切り、枝豆はまめをさやから出しておく。コーンはざるにあげて水気を切っておく。
2. 鍋に水と粉寒天を入れ、沸騰させて寒天を完全に煮溶かす。
3. Aで調味し*1*を鍋にくわえて少し加熱する。火を止めて穀物酢を入れる。
4. 型を少し水で濡らしてからえびを敷き、その上から*3*を流し入れて、粗熱をとり冷蔵庫で冷やし固める。

夜食には注意！

夕食の時間が遅くなったり、また夜食を食べ過ぎたりすることは肥満を招く原因となります。生体において夜の時間帯は、一日の疲れを取るだけでなく、使いすぎた筋肉の回復や脂肪の蓄積がすすむなど、体の中では合成の活力が高まる時間帯です。このような時間帯には良質のタンパク質を摂取して筋肉の再合成を促すことが理想的です。しかしカロリーを取りすぎると余分な体脂肪として蓄積されてしまいますので晩御飯や夜食の摂りすぎは禁物です。

黒酢のアミノ酸が味の引き立て役

黒酢のこっくり酢豚

＋ 小松菜ともやしのお浸し

お酢のパワーで豚肉のこってり感が和らぎ、食欲も出ます。
また、黒酢に含まれるアミノ酸の作用で味に深みが加わります。
野菜たっぷりの酢豚と、青菜を使った副菜を組み合わせてビタミンと食物繊維の補給も良好です。

黒酢のこっくり酢豚

282kcal / 1 人分

◎ 材料 [2 人分]

豚肉…100g

A
- 酒…大さじ 1
- 濃口しょうゆ…大さじ 1
- しょうが…ひとかけ

片栗粉…適量

赤パプリカ…1/2 個

ししとうがらし…1/2 個

玉ねぎ…中 1/4 玉

ヤングコーン…1 パック

かぼちゃ…1/8 個

B
- 黒糖…大さじ 2
- 酒…大さじ 2
- 黒酢…大さじ 3
- 塩…小さじ 1/4

水溶き片栗粉…適量

サラダ油…適量

◎ 作り方

1 豚肉はひと口大に切って **A** をもみこむ。

2 赤パプリカ、ししとうがらし、玉ねぎ、ヤングコーン、かぼちゃは適当な大きさに切っておく。

3 フライパンに油を入れ、片栗粉をまぶした **1** を揚げ、取り出す。

フライパンを傾けると少量の油でも揚げられます.

4 キッチンペーパーで余分な油をふき、**2** を炒める。

5 **3** を加えて **B** で調味し、火を止めて水溶き片栗粉でとろみをつける。

小松菜ともやしのお浸し

22kcal / 1 人分

◎ 材料 [2 人分]

小松菜…2 束 (60g)

もやし…1 カップ (60g)

A
- 薄口しょうゆ…大さじ1/2
- 砂糖…小さじ1/2

◎ 作り方

1 鍋に湯を沸かし、もやしと小松菜をゆでる。

もやし→小松菜の順で茹でればお鍋1つで OK です.

2 **1** を **A** とあえて器に盛る。

食事バランスガイド

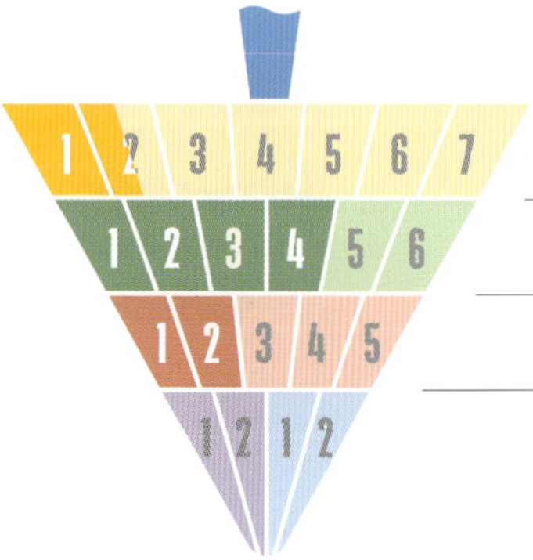

	白米	黒酢のこっくり酢豚	小松菜ともやしのお浸し	計
エネルギー	285 kcal	282 kcal	22 kcal	589 kcal
主食	1.5 SV			1.5 SV
副菜		3.0 SV	1.0 SV	4.0 SV
主菜		2.0 SV		2.0 SV
牛乳・乳製品				
果物				

酢使用量 22.5 ml

食塩 2.6 g

食物繊維 6.7 g

主食はごはんを茶碗一杯つけた場合となっています。

食材メモ

小松菜

漬け菜の一種ですが、植物学的にはカブの仲間とされます。東京の小松川（現在の東京都江戸川区あたり）で確立し栽培されたことから小松菜と名づけられました。現在も特に東京や埼玉で多く生産されています。一年中収穫できますが、本来の収穫時期は晩秋から初冬です。

栄養

貧血を予防する鉄分、骨の成長に欠かせないカルシウムなどのミネラルが豊富なうえに、神経細胞の発達に必須な葉酸、骨形成に必要なビタミンKやビタミンCも多く含まれるため、成長期の子供や妊婦の献立に用いたい食材です。

選び方 保存法

葉が濃い緑色で、茎がしっかりとしているものを選びましょう。保存する時は、湿らせた新聞紙などで包み、袋に入れ、野菜室で立てて保存すると、3 日～1 週間前後持ちます。しかし、傷みやすいので早めに食べきるか、食べきれない場合はさっと茹でて冷凍保存するほうがよいでしょう。

使い方

アクが少ないので、下茹でなしでも炒め物や汁物の具、和え物、おひたし、煮物などに使えます。火を通しすぎると色が悪くなるので注意しましょう。

ししとうがらし

原産地は中央アフリカ～南アフリカです。トウガラシの仲間ですが、辛味が少ないのが特徴で、ピーマン（ししとうがらしと同じくナス科唐辛子属）とともにトウガラシとは区別されています。漢字で書くと「獅子唐辛子」で、その名の通り果実の先端部分が獅子の頭のような形になるところに由来しています。

栄養

ビタミンC、ビタミンB_6、β-カロテン、ビタミンEなどのビタミン類を多く含みます。抗酸化作用や風邪予防の効果が期待されます。

使い方

炒め物や天ぷら、焼き物など。付け合わせとして用いられることが多い食材です。

プラすレシピ 13

物足りないときのもう一品

オクラ納豆：112 kcal / 1 人分

納豆にお酢を入れると起泡性が高まり、クリーミーな食感になります。納豆はビタミン B_1 が豊富でタンパク質や食物繊維にも富んでいます。ネギや長芋など、いろいろな食材を加えると味のバリエーションが広がります。

● 材料［2 人分］

納豆…2 パック
オクラ…6 本
穀物酢…大さじ 2

● 作り方

1. オクラをさっとゆでて、薄くスライスする。
2. 納豆、オクラ、穀物酢を加え混ぜ合わせる。

アルコール摂取と肥満

少量のアルコールは寿命を延ばすという研究報告があります。しかしアルコールは高カロリーの食品で、例えばビールコップ 1 杯はご飯茶わん半膳ほどと同じカロリーとなります。日本酒 1 合、ワインの場合はグラス 2 杯でご飯 1 膳半と同じカロリーです。アルコールは高カロリーなので、特に夕飯時の過剰のアルコール摂取は肥満の原因となりますから注意する必要があります。また過剰のアルコール摂取は代謝臓器である肝臓にとっても大きな負担となりますので、ほどほどを心がけたいですね。

うなぎとお酢で元気回復

うなぎとごぼうのバルサミコ風味煮 ＋冷やしうどん

ビタミンB群を始め種々のビタミンやタンパク質を豊富に含むうなぎとお酢で疲労回復効果があります。
冷やしうどんの夏野菜や海藻類で食物繊維やミネラルも加わり、さらにバランスが良くなります。

うなぎとごぼうのバルサミコ風味煮

213 kcal / 1 人分

◎材料［2 人分］

うなぎの蒲焼き…中 1 匹 (110g)
ごぼう…1/2 本（70g）
A［水…1/2 カップ (100cc)
　 砂糖…小さじ 1
　 濃口しょうゆ…小さじ 2］
バルサミコ酢…大さじ 2
白ごま…小さじ 1

◎作り方

1 うなぎは一口大に、ごぼうはささがきにする。

ごぼうは酢水につけ、褐色になるのを防ぎます .

2 鍋に A とごぼうを入れ、中火で加熱する。

3 ごぼうがしんなりしてきたらうなぎを入れ、水気がなくなるまで加熱する。

4 火を止め、バルサミコ酢と白ごまをかける。

火を止めてからバルサミコ酢を加えます .

冷やしうどん

299 kcal / 1 人分

◎材料［2 人分］

冷凍うどん…2 玉
きゅうり…1 本 (100g)
トマト…1/2 個 (150g)
カットわかめ…軽くひとつまみ (5g)
卵…1 個
サラダ油…少量
A［めんつゆ（ストレート）…大さじ 4
　 穀物酢…大さじ 2］

◎作り方

1 きゅうりをせん切り、トマトをくし形に切る。カットわかめを水で戻しておく。

2 フライパンを熱してサラダ油をひき、薄焼き卵を作ってせん切りにし、錦糸卵を作る。

3 うどんをゆでて、冷水でしめる。

4 A を混ぜてつゆを作り、うどんにかける。

食事バランスガイド

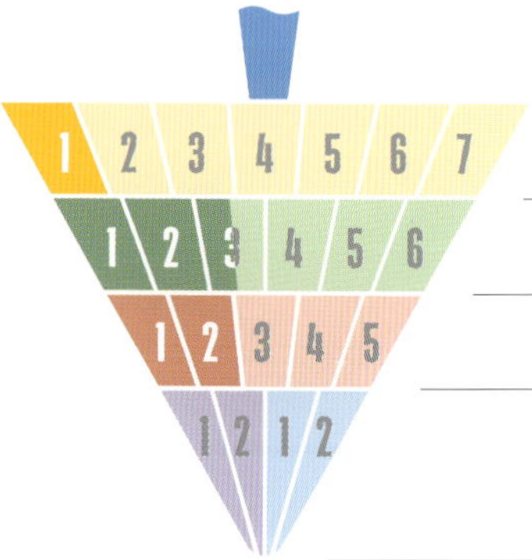

	うなぎとごぼうのバルサミコ風味煮	冷やしうどん	計
エネルギー	213 kcal	299 kcal	512 kcal
主食		1.0 SV	1.0 SV
副菜	0.5 SV	2.0 SV	2.5 SV
主菜	1.5 SV	0.5 SV	2.0 SV
牛乳・乳製品			
果物			

酢使用量 30 ml

食塩 3.5 g

食物繊維 6.2 g

食材メモ

うなぎ

うなぎとはウナギ目ウナギ科に属する魚の総称で、ヨーロッパウナギ、オオウナギ、アメリカウナギなどの種類があります。うなぎは淡水で７～８年過ごした後、赤道近くの深海で産卵しますが、最近まで場所が特定されていなかったほど、未だ謎に包まれている魚です。市場に出回っているものは養殖うなぎが多いのですが、稚魚の養殖が難しく、国内外で天然の稚魚を採取して養殖しています。

栄養　ううなぎはビタミン類やカルシウムを豊富に含む食材です。カルシウムが豊富なことに加えて、カルシウムの吸収を促進するビタミンＤがかなり多く含まれます。また老化予防に役立つビタミンＥやＡ、また代謝を促進するビタミンB_1やB_2も多く含まれますので、代謝を促進し疲労回復に役立ちます。土用のうなぎは理に適っていると言えます。

保存法　蒲焼や白焼になっているものは、ラップして冷凍保存するとよいでしょう。

使い方　蒲焼または白焼にしたものを食したり、ご飯ものと混ぜたりして食べることが多いです。キュウリと合わせて酢の物にしたり（うざく）、卵焼きの芯に巻き込んだう巻きも美味しいです。

トマト

南米のアンデス山地原産の野菜です。全国的に栽培されていますが、特に熊本や愛知などで多く生産されています。従来は未熟のトマトを収穫して流通過程で熟させる方法が取られていましたが、現在では完熟したものを収穫・流通させることが多く、「桃太郎」を始めとする完熟型品種が多く見られるようになりました。

栄養　抗酸化性成分であるリコピンを多く含みます。またビタミンＣを含みますが、ミニトマトの方がより多いです。グルタミン酸を含むので、旨味が強いのが特徴です。

使い方　生食で食べるほか、加熱すると生とは違った美味しさが味わえます。ピューレ状にするとパスタのソースやカレーの隠し味として使えますし、冷凍保存ができるので長持ちします。

物足りないときのもう一品

うなぎのチャーハン： 334 kcal / 全量

うなぎとごぼうのバルサミコ風味煮を使ったアレンジメニューです。他にも、温かいご飯と混ぜて、白ごまと刻んだねぎを散らし、お茶をかければ簡単豪華なお茶漬けにもなります。卵焼きの中に巻けば、お弁当のおかずにもなります。

● 材料［2人分］

うなぎとごぼうの
　　バルサミコ風味煮…半量
ご飯…お茶碗約1杯半 (200g)
A［たまご…1個
　 砂糖…小さじ1
サラダ油…少々
白ごま…小さじ2
大葉…2枚 (4g)

● 作り方

1. フライパンにサラダ油を熱し、**A**を混ぜ合わせて、いり卵を作る。
2. *1*を取り出し、ご飯を炒め、白ごま、うなぎ、*1*の順に入れて混ぜ合わせる。
3. 器に盛り付け、千切りの青じそをのせる。

食品中の酸っぱい成分

醸造酢の中には約4%の酢酸が含まれています。リンゴ酢やワインビネガーには酢酸に加えてリンゴ酸や酒石酸も含まれています。このような成分は酸性であるために、食酢は酸性を示します。その他、酸性を示す成分には、柑橘類に含まれるクエン酸などがあります。酸性の成分を口にすると一様に「酸っぱい」と感じますが、体にとっての効果は一様ではありません。酸っぱさの成分のうち醸造酢の主成分、酢酸には肥満抑制効果が見られています。

食欲が出ない時のさっぱり献立

たことわかめの彩り酢の物

＋ かつおの漬け丼

お酢には魚介類の魚臭さを抑える効果があります。
彩り豊かな酢の物と食べやすい丼ぶりの、さっぱり感のある献立です。

たことわかめの彩り酢の物

53 kcal / 1 人分

◎材料［2 人分］

ゆでだこ…中足 1 本 (50g)
カットわかめ…3g
きゅうり…中 1/2 本 (50g)
トマト…小 1/2 個 (50g)
糸こんにゃく…40g
かつお節…適量

A［ 穀物酢…大さじ 1
　 濃口しょうゆ…小さじ 2
　 白ごま…小さじ 1

◎作り方

1 わかめをもどし、糸こんにゃくは湯通しする。

糸こんにゃくを加えて食物繊維アップ.

2 たこ、わかめ、トマトは一口大、きゅうりは薄い輪切りにして塩もみする。

彩りがよく栄養バランスも OK.

3 すべての具材を **A** であえる。

かつおの漬け丼

497 kcal / 1 人分

◎材料［2 人分］

ごはん…お茶碗 2 杯
かつおのたたき…8 切れ (160g)

A［ 濃口しょうゆ…小さじ 1
　 みりん…小さじ 1

大葉…2 枚
貝割れ大根…1/4 パック
長いも…80g
かつお節…1 パック

◎作り方

1 かつおのたたきを **A** で漬ける。

2 貝割れ大根を切り、長いもをする。

3 茶碗にごはんをよそい、大葉、**1**、**2** を盛り付ける。

ごはんとかつお節を交互にのせます.

食事バランスガイド

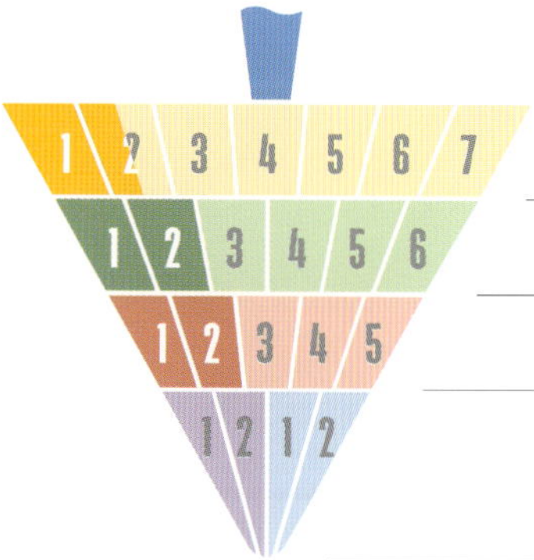

	たことわかめの彩り酢の物	かつおの漬け丼	計
エネルギー	60 kcal	497 kcal	557 kcal
主食		1.5 SV	1.5 SV
副菜	1.0 SV	1.0 SV	2.0 SV
主菜	1.0 SV	1.0 SV	2.0 SV
牛乳・乳製品			
果物			

酢使用量 7.5 ml

食塩 2.6 g

食物繊維 3.7 g

食材メモ

かつお

水温が上がってくる春～初夏頃に北上し、水温が下がってくる秋ごろから南下します。北上し始める頃のかつおを初がつお、秋ごろに南下してくる頃のかつおを戻りがつおと呼びます。季節により脂質含量が異なり、春獲りのかつおは 100g あたり 0.5g 程度ですが、秋獲りのかつおになると 6.2g に増加します。

栄養　タンパク質を多く含むと共に旨味成分のアミノ酸が多いのが特徴です。またビタミンとしてナイアシンやビタミンB_6 を多く含むため、糖代謝やタンパク質代謝を促進します。貧血の予防に役立つ鉄分やビタミンB_{12} の含有量が高いのが特徴です。

選び方 保存法　目が充血しておらず、身がよくしまっていて、縞模様がはっきりしているものを選ぶとよいでしょう。かつおは傷みやすく、劣化するとニオイも強くなるので、購入したらその日のうちに食べきりましょう。冷凍保存する場合でも、生のまま保存するより加熱調理をした状態で保存するほうがおすすめです。

使い方　刺身、たたきを始め、煮物にしてもおいしく頂けます。また塩たたきなどの食べ方もあります。

きゅうり

インド北部・ヒマラヤ南麓あたりが原産と言われており、日本には中国を経て渡来してきました。日本各地に様々なきゅうりがあり、華南系黒いぼ種（春きゅうり）や華北系白いぼ種（夏きゅうり）などが栽培されている他、各種の伝統品種があります。

栄養　ビタミン類を含みますが、それほど多くありません。栄養成分以外の成分として、アスコルビナーゼというビタミンCを酸化する酵素を含むため、ビタミンCを含む食材と一緒に用いる場合には、お酢などを加えて酸性にしたり加熱したりすればこの酵素の作用を抑えることができます。

保存法　ラップや袋に包んで冷蔵庫（野菜室がよい）で保存しましょう。あまり温度が低いところで保存すると低温障害が発生してしまいます。ただ、貯蔵とともに食感が悪くなり、ビタミン類などの栄養素が減少するので、早めに食べきったほうがよさそうです。

使い方　生でサラダなどにして食するほか、中華料理では炒め物もあります。また、ピクルスや糠漬けなどの漬物としても食されます。

プラすレシピ 15

もの足りないときのもう１品

きゅうりの中華漬け：146 kcal / 全量

美味しく簡単にできる漬物です。漬ける容器はボウルがおすすめ。底が広い容器は漬けるのに液が多く必要なので、ボウルなどの底が小さいものが適しています。ごま、唐辛子は調節して、自分好みに仕上げてください。

● 材料［２人分］

きゅうり…２本
濃口しょうゆ…25ml
穀物酢…25ml
水…50ml
砂糖…小さじ２
ごま油…小さじ１
いりごま…適量

● 作り方

1. きゅうりを斜め薄切りにする。
2. 調味料、いりごまを混ぜ合わせる。
3. 容器にきゅうりと 2 を入れ、１日漬ける。

歩くことから始める運動を

インターネットが普及するようになってから、机の前に座ったままの作業が増えているのが現状です。動かずにいる時間が増えると筋力が衰え、体に脂肪がつきやすくなります。脂肪が過剰にたまると、メタボリックシンドロームの危険性が高まります。運動不足になることと生活習慣病の危険性が高くなることには密接な繋がりがありますので、病気予防、医療費削減のために、歩くことから始める運動の時間を持ちましょう。

秋の味覚とお酢の和

鮭のホイル焼き ＋パプリカのささっと炒め

魚料理にはお酢がよく合います。魚のうま味がお酢の酸味を和らげ、味に深みが加わります。

鮭のホイル焼き

206 kcal / 1 人分

◎ 材料 [2 人分]

鮭…2 切れ
玉ねぎ…中 1/2 玉（120g）
まいたけ…1/2 パック（70g）
しめじ…1/2 パック（70g）
塩・こしょう…少々

A ［ 濃口しょうゆ…大さじ 1
　　穀物酢…大さじ 1

◎ 作り方

1 きのこ類を適当な大きさに分け、玉ねぎは薄切りにする。

2 アルミホイルを 2 枚重ね、その上に鮭、玉ねぎ、きのこをのせる。

3 塩、こしょうを振りかけ、ホイルを閉じる。

4 180℃のオーブンで15 分焼く。（予熱不要）
又は、フライパンに水をはり、沸騰させ、ホイルで包んだ鮭を入れ、ふたをして15分間蒸し焼きにする。

酢醤油につけて食べるのもｇｏｏｄです．

5 ホイルを開け、**A** を混ぜたものをかける。

パプリカのささっと炒め

48 kcal / 1 人分

◎ 材料 [2 人分]

パプリカ …2 個（200g）
オリーブオイル…少量
塩・こしょう…少量
穀物酢…小さじ 2

◎ 作り方

1 パプリカの種を除き、食べやすい大きさに切る。

2 フライパンに少量のオリーブオイルをひき、パプリカを炒める。

ささっと炒めて程よい食感に．

3 塩、こしょうで味付けし、火を止めて穀物酢をかける。

食事バランスガイド

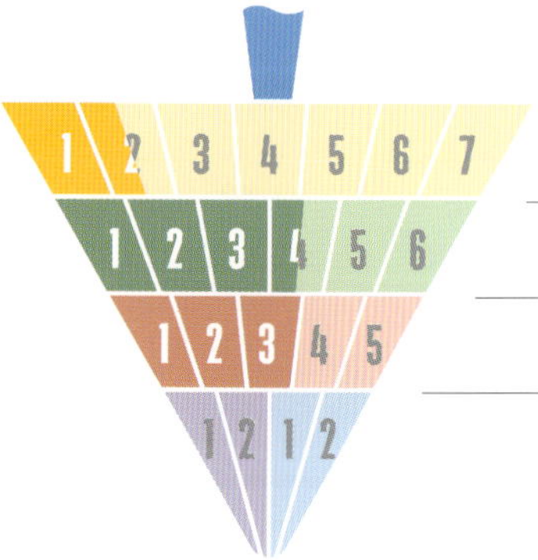

	白米	鮭のホイル焼き	パプリカのささっと炒め	計
エネルギー	285 kcal	206 kcal	48 kcal	539 kcal
主食	1.5 SV			1.5 SV
副菜		2.0 SV	1.5 SV	3.5 SV
主菜		3.0 SV		3.0 SV
牛乳・乳製品				
果物				

酢使用量 12.5 ml

食塩 2.4 g

食物繊維 4.7 g

主食はごはんを茶碗一杯つけた場合となっています。

食材メモ

玉ねぎ

原産地は中央アジア付近と考えられています。甘玉ねぎと辛玉ねぎがあり、日本で栽培されている玉ねぎは、多くが辛玉ねぎです。基本的に保存性に優れているので一年中出回っていますが、新玉ねぎが収穫される５月頃や、北海道産玉ねぎが多く出回る９月頃に特に多く出回ります。

栄養

タマネギの外皮には、黄色の色素であるケルセチンという成分が含まれます。このケルセチンは、ポリフェノールの一種で、強い抗酸化作用があるため動脈硬化を防ぐ働きがあるといわれていいます。

選び方 保存法

芽や根が出ておらず、表面を軽く押してもやわらかいところがないものを選びましょう。保存する時はネットなどに入れて吊るすとかなり日持ちしますが、新玉ねぎは日持ちしにくいので早めに食べきりましょう。

使い方

生食するほか、炒め物、煮物、スープなど幅広く使えます。レッドオニオンは辛味が少なく、加熱すると赤紫色が退色してしまうので、酢の物や和え物など熱を通さない調理をするとよいでしょう。

鮭

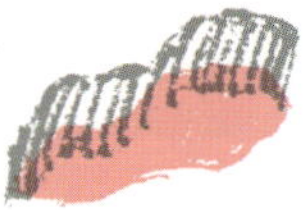

主産地は北海道、岩手、青森などです。東日本では年取り魚として正月に食されます。鮭の種類は多く、シロザケ、ギンザケ、ベニザケ、キングサーモンなどがあります。初夏の時鮭（時しらず）と、夏から秋の秋鮭は季節を感じさせる魚として親しまれています。

栄養

カルシウムの吸収を促進するビタミンＤの他、エネルギー代謝を助けるビタミンB_1、ビタミンB_2、ナイアシン、またタンパク質代謝を助けるビタミンB_6、貧血を予防するビタミンB_{12}などビタミンＢ群を多く含みます。鮭の色素のアスタキサンチンは強い抗酸化作用を持ち、活性酸素を除去します。

選び方 保存法

切身の場合、身が引き締まっていて色合いがよいものを選びましょう。冷凍保存をする場合は一つずつラップで包み、フリーザーバッグなどに入れて冷凍するとよいでしょう。

使い方

寄生虫の恐れがあるので、「刺身用」や「スモークサーモン」など、プロがきっちり処理したもの以外は生食を避けます。生臭みが弱いので、焼き物、蒸し物、揚げ物、鍋料理の具など、幅広く応用できる食材です。

プラすレシピ 16

酢イーツ

長いものジェラート：85 kcal / 全量

長時間冷凍庫に入れておくと、カチカチになってしまいます。食べる当日に作る方がおすすめ。長いものとろっとした食感が生きています。ミキサーを使わずに簡単にジェラートが作れます。

● 材料［2人分］

長いも…150g

A
- プレーンヨーグルト…150g
- 加糖練乳…40g
- （代わりにはちみつ 45g でも OK）
- 穀物酢…大さじ 2

● 作り方

1. 長いもをすりおろす。
2. *1* と A を混ぜ合わせる。
3. 冷凍庫で冷やし、1 時間たったら泡だて器で空気をふくませるように混ぜる。
4. 1時間ごとに泡だて器で混ぜ、これを 2 ～ 3 回繰り返す。
5. 混ぜたときに液体の部分がないようであればできあがり。ミントの葉を添えて。

一人で食べる「孤食」についての問題

今、一人で食べる「孤食」が増えています。一人で食べても家族など複数の人と共に食事をしても大きな差はないように思われがちですが、より問題視されているのは小中学生の孤食です。子供が一人で食べると食欲に影響する、また栄養バランスが悪くなる、食に興味がなくなる、などいろいろな問題があるといわれています。一人で食べるより家族や仲間と食卓を囲む方が食事を楽しむようになり、QOL（生活の質）の向上につながります。

お酢と大根おろしのベストコンビ

さんまのパン粉焼き 大根おろし添え ＋具だくさんけんちん汁

お酢は大根おろしの辛みを緩和してくれます。
旬のさんまに具だくさんのけんちん汁を添えて野菜の摂取を試みました。

さんまのパン粉焼き 大根おろし添え

237 kcal / 1 人分

◎ 材料 [2 人分]

さんま…2 匹
塩・こしょう…少々
パン粉…適量
大根…1/3 本
穀物酢…大さじ 1

◎ 作り方

1 さんまに塩、こしょうをし、パン粉をつける。

2 150℃のオーブンで約 15 分焼く。

オーブンで焼くとさんまがふっくらと焼き上がります .

3 大根おろしと酢を合わせ、さんまとともに盛り付ける。

根菜ミックス

● 材料

にんじん…1 本 (160g)
れんこん…一節 (200g)
里いも…1 袋 (330g)
ごぼう…1 本 (140g)

● 作り方

1. にんじん、れんこんは皮をむき、乱切りにする。
2. 里いもは皮をむき大きければ一口大に切り、ごぼうは斜め切りにする。
3. できるだけ重ならないようにフリーザーバックに入れて、冷凍しておく。

具だくさんけんちん汁

138 kcal / 1 人分

◎ 材料 [2 人分]

根菜ミックス…両手 1 杯分 (160g)
しめじ…1/2 パック
こんにゃく…20g
豚こま切れ肉…60g
サラダ油 …小さじ 1
ごま油…小さじ 1/2
だし汁…600ml
A ┌ 酒…大さじ 1
　 │ 濃口しょうゆ…大さじ 1
　 └ みりん…大さじ 1

◎ 作り方

1 しめじは石づきを取り、手でほぐす。こんにゃくは短冊切りにする。

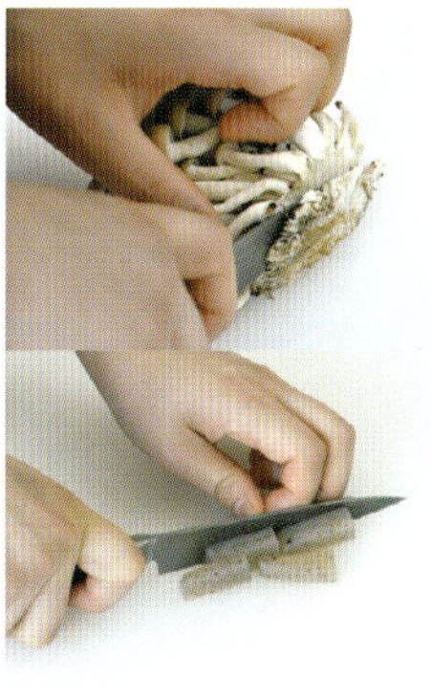

2 鍋にサラダ油を熱し、具材をすべて入れ、軽くいためる。

3 ごま油を加えて風味をつけ、だし汁を加えてひと煮立ちさせる。

ごま油で風味が UP !

4 A を加えて味をととのえる。

食事バランスガイド

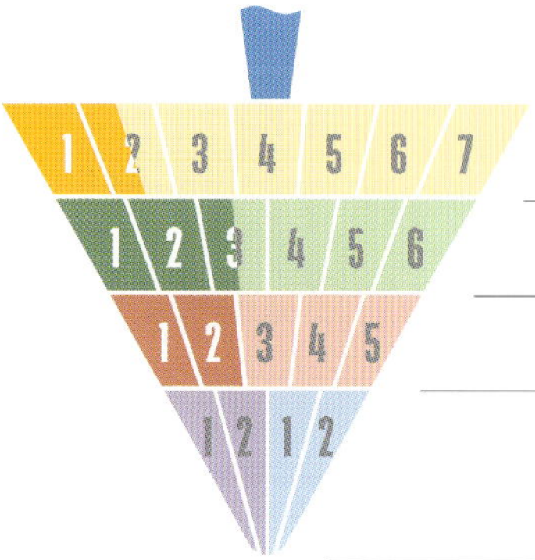

	白米	さんまのパン粉焼きおろし大根添え	具だくさんけんちん汁	計
エネルギー	285 kcal	237 kcal	138 kcal	660 kcal
主食	1.5 SV			1.5 SV
副菜		1.0 SV	1.5 SV	2.5 SV
主菜		1.5 SV	0.5 SV	2.0 SV
牛乳・乳製品				
果物				

酢使用量 7.5 ml

食塩 2.6 g

食物繊維 6.1 g

主食はごはんを茶碗一杯つけた場合となっています。

食材メモ

さんま

代表的な赤身魚の一つです。漢字で書くと「秋刀魚」の通り、秋が旬です。この頃のさんまは脂のりが非常によく、特に北海道から南下し始めた頃のさんまは、脂質含量が 25% 近くまで増加するものもあります。

栄養

さんまは脂肪含量が高く、動脈硬化、脳梗塞、また心筋梗塞を予防するといわれるエイコサペンタエン酸（EPA）を多く含みます。ビタミン D、B_2、ナイアシン、ビタミン B_6、B_{12} も多く、代謝を円滑にします。

選び方 保存法

体つきが大きく（30cm 程度）、幅があり、目が充血していないものを選びましょう。また、口先にはカロテノイドという色素が含まれており、鮮度劣化に従い退色していきますので、口先が黄色いものを選ぶことも重要です。保存する場合は頭と内臓を取り、空気になるべく触れないようにラップなどで包んでから冷凍するとよいでしょう。また、加熱調理をしてから保存するのもお勧めです。

使い方

刺身（ただし、非常に新鮮なものに限る）、塩焼きや蒲焼などの焼き物、開き、マリネ、天ぷらなどにも使えます。

ごぼう

シベリア、コーカサス地方が原産とされます。1000 年以上前に中国から渡来してきたとされています。食用としているのは日本や台湾くらいです。青森、茨城などが主な産地です。

栄養

ごぼうは食物繊維を豊富に含むため、便秘予防に効果があるとされています。しかし食べ過ぎるとお腹の調子を崩すこともあるので食べすぎには注意しましょう。ポリフェノール成分を含むため、ごぼうを切って放置すると褐変します。お酢を数滴たらした水につけると褐変を防ぐことができます。

保存法

意外と保存性は高くなく、水分や香りも抜けやすいので、購入したら早めに食べきるのがお勧めです。保存する場合は、泥つきごぼうの場合は新聞紙に包んで涼しいところへ、洗いごぼうの場合はポリ袋に入れて冷蔵庫へ。

使い方

きんぴらや天ぷら、煮物などが挙げられます。また、豚汁などの汁物の具としても利用できます。よく炒めると甘味が増します。またごぼうの香りは肉や魚の臭みを消す働きがあります。

プラすレシピ 17

もの足りないときのもう１品

炒りこんにゃく：26 kcal / 全量

食感のよい一品です。ポイントはこんにゃくの水抜きです。まず塩もみで水気を出します。そしてフライパンで炒ることにより、水分をとばします。調味液をからめて独特の食感をお楽しみください。

● 材料［2人分］

こんにゃく…200g
塩…少々
A ┌酒…大さじ1
　│みりん…小さじ1
　│濃口しょうゆ…小さじ1
　└とうがらし…適量
穀物酢…小さじ2

● 作り方

1. こんにゃくを拍子木切りにし、塩もみする。とうがらしは種を除き、輪切りにする。
2. Aを合わせる。
3. キッチンペーパーでこんにゃくの水気を取り、フライパンで炒る。
4. こんにゃくの水分がおおよそ飛んだら、Aで味付けする。
5. 水気がなくなったら火を止めて穀物酢を加え、軽く混ぜる。仕上げにかつお節をふり、フライパンに残った穀物酢を吸い取る。

間食のしすぎには注意！

ストレスや疲れがたまるとついつい手をのばしたくなるお菓子類。昼食と夕食の間に間食としてお菓子を食べることが多いかもしれません。間食は夕食までのエネルギー補給として摂取できるような、カロリー低めで、かつ満足感を与えるようなものがよいでしょう。間食をしすぎると夕食が入らない、栄養バランスが悪い、食事のリズムが崩れるなどの原因となります。食物繊維が多く含まれるおからを使ったクッキーやケーキ、人参たっぷりケーキなどはカロリー低めで満足感もあります。お酢を含ませたゼリーや飲料などは疲れをとってくれます。

伝統食材の豆腐とお酢の組み合わせ

きのこの酢みそあんかけ豆腐

＋大豆といもくりの炊き込みごはん

大豆タンパク質には穀類に不足する必須アミノ酸であるリジンが多く含まれます。豆腐とお酢、米と大豆の組み合わせはいかがでしょうか。

きのこの酢みそあんかけ豆腐

131 kcal / 1 人分

◎ 材料 [2 人分]

好みのきのこ…合せて 160g
豆腐…1 丁
酒…大さじ 1
サラダ油…少量

A
- みそ…大さじ 1
- 穀物酢…大さじ 2
- 砂糖…小さじ 1

◎ 作り方

1 きのこを少量の油をひいて、フライパンで炒める。

2 酒を加え、しんなりするまで炒める。

3 A とあえる。

余った 3 をご飯と混ぜて、オーブントースターで 10 分焼いてもおいしいです .

4 豆腐にのせる。

あたためて湯豆腐にしても良いです .

大豆といもくりの炊き込みごはん

359 kcal / 1 人分

◎ 材料 [2 人分]

白米…100g(約 2/3 合)
大豆 (水煮)…40g
豚ばら肉…40g
さつまいも…中 1/5 本 (約60g)
栗の甘露煮…4 個
しょうが…ひとかけ
オリーブオイル…少量
昆布…5g

A
- 酒…小さじ 2
- 濃口しょうゆ…小さじ 2

あさつき…適量

◎ 作り方

1 炊飯器に洗米した米と水、昆布を入れ浸しておく。

2 豚ばら肉、さつまいもは一口大に切る。しょうがはせん切りに、あさつきは小口切りにする。

さつまいもは少し太めに .

3 フライパンにオリーブオイルをひき、しょうが、豚肉、さつまいも、大豆を炒め A で味付けする。

4 1 から取り出した昆布を細切りにし、再び炊飯器の中にいれ、3 と栗を入れて炊く。

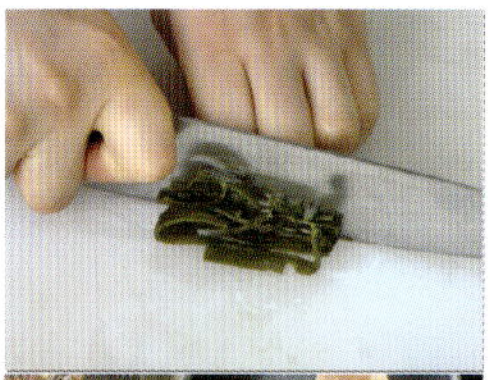

食事バランスガイド

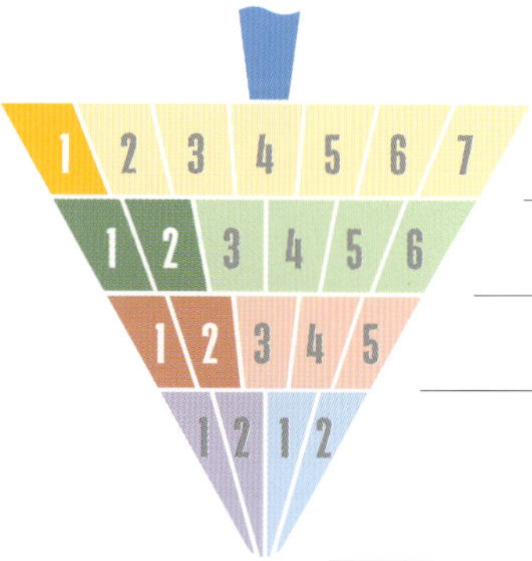

	きのこの酢みそあんかけ豆腐	大豆といもくりの炊き込みごはん	計
エネルギー	131 kcal	359 kcal	490 kcal
主食		1.0 SV	1.0 SV
副菜	1.0 SV	1.0 SV	2.0 SV
主菜	1.0 SV	1.0 SV	2.0 SV
牛乳・乳製品			
果物			

酢使用量 15 ml

食塩 1.6 g

食物繊維 7.4 g

食材メモ

生姜

原産地はアジア南部、インド・マレー方面とされています。主な産地は高知、和歌山などです。収穫されたばかりの生姜を「新生姜」、貯蔵されてから出荷されるものを「ひね生姜」と呼びます。

栄養

胃の働きを助ける、殺菌作用がある、風邪、咳に効くなどといわれています。また、脂肪代謝を促進し、体がぽかぽかと温まります。根茎は健胃作用のある生薬＜生姜（ショウキョウ）＞としても利用され、多くの漢方処方に配合されています。

保存法

ひね生姜の保存温度は 13 ～ 15℃くらいがよいとされ、冷蔵保存をすると 1 ～ 2 週間で質が悪くなります。生姜は冷凍保存が可能なので、すぐに使い切らない時は小さく切って冷凍保存をするとよいでしょう。

使い方

辛味がマイルドな新生姜は甘酢漬けなどに、辛味の強いひね生姜は薬味や魚料理の臭み消しとしても使えます。また、肉の下味に用いると肉を柔らかくします。

栗

原産地は日本、朝鮮半島とされています。世界で栽培されている栗のうち日本では、山野に自生するシバグリから品種改良されたニホングリが主に栽培されています。その他、ヨーロッパ栗、アメリカ栗、中国栗があります。主な生産地は茨城です。

栄養

デンプン以外に、果糖やショ糖、ブドウ糖といった甘味成分を含むため、甘みがあります。ビタミンCを多く含みます。またビタミンB_1、B_6、ナイアシンなども含むため、糖質代謝、タンパク質代謝を助けます。さつまいもに比べて食物繊維も多く含まれます。

保存法

皮つきの栗に比べ、皮むきの栗は保存性に劣ります。皮つき栗の場合、よく洗い、冷水中に漬けて保存する水貯蔵や、鬼皮をむいて軽くゆで、冷凍保存をする方法もあります。

使い方

甘露煮、マロングラッセ、栗ようかんなど、栗の甘味を生かした菓子類に加工することが多いです。

プラすレシピ 18

飲む酢ドリンク

ヨーグル豆乳：114 kcal / 全量

材料を混ぜてから時間が経つと、分離してのどごしが悪くなるので、飲む直前によく混ぜて飲みましょう。朝食におすすめの一杯です。

● 材料［2人分］

無調製豆乳…300ml
穀物酢…大さじ 2
レモン汁…小さじ 2
ガムシロップ…2 個（26g）

● 作り方

1. 全ての材料を混ぜ合わせる。

大豆の豊富な機能性

大豆は畑の肉ともいわれるように、良質なタンパク質が豊富に含まれます。日本の食文化の一つである精進料理において肉に代わるタンパク質源として大豆が用いられてきたことは理に適っています。また大豆には腸内環境を改善する食物繊維が多く含まれるため、便秘予防にも、また余分な脂肪の吸収を低下させるのにも効果があるとされています。ただ大豆には、生で食べると体内の消化酵素の働きを阻害する成分が含まれているために、加熱調理して食べる必要があります。また大豆に含まれるイソフラボンという成分には骨粗しょう症を予防する働きも報告されています。

洋食の代表、ハンバーグをよりヘルシーに

簡単！ヘルシー煮込みハンバーグ ＋柿のヨーグルト

時々食べたくなるハンバーグをよりヘルシーに食べるために、食物繊維豊富なきのこをたっぷり使ったソースを添えました。また、お酢を加えてあっさり感がアップしました。

簡単！ヘルシー煮込みハンバーグ

246 kcal / 1 人分

◎材料 [2 人分]

A
- 合びきミンチ肉…50g
- 絹ごし豆腐…50g
- 卵…1/2 個
- パン粉…大さじ 1

玉ねぎ…大 1/2 玉
塩・こしょう…少々
しめじ…1/2 パック
まいたけ…1/2 パック
マッシュルーム…4 個
バター…小さじ 2 (8g)

B
- 水…150cc
- ケチャップ…大さじ 3
- お好みソース…大さじ 1・1/2
- 赤ワイン (酒)…大さじ 1
- 粒マスタード…小さじ 1

ワインビネガー (好みのお酢)…大さじ 2
パセリ…適量

◎作り方

1 豆腐は重しをするか、電子レンジで約 1 分加熱して水切りをしておく。

2 玉ねぎ 1/2 個は半分を縦 1cm 幅に、もう半分をみじん切りにする。

3 きのこ類の石づきを取り、マッシュルームは 3mm 幅の薄切りにしておく。

4 みじん切りの玉ねぎに塩こしょうをふり、電子レンジで約 1 分加熱する。

5 ボウルに **A** と粗熱のとれた **4** を入れ、よく練り、4 等分にして小判形に丸める。

6 フライパンにバターをひき、中火でこんがり焼く。(表面に焼き色がつく程度でよい)

7 端に寄せて、玉ねぎときのこ類を炒める。

8 **B** を加えて煮詰め、火を止めてワインビネガーを加える。

最後に火を止めて
お酢を加えます .

9 パセリをちらす。

柿のヨーグルト

113 kcal / 1 人分

◎材料 [2 人分]

柿…1/2 個
バナナ…1/2 本
キウイ…1/2 個
ヨーグルト…100g

◎作り方

1 柿、バナナ、キウイは皮をむき、適当な大きさに切る。

2 **1** とヨーグルトを和える。

食事バランスガイド

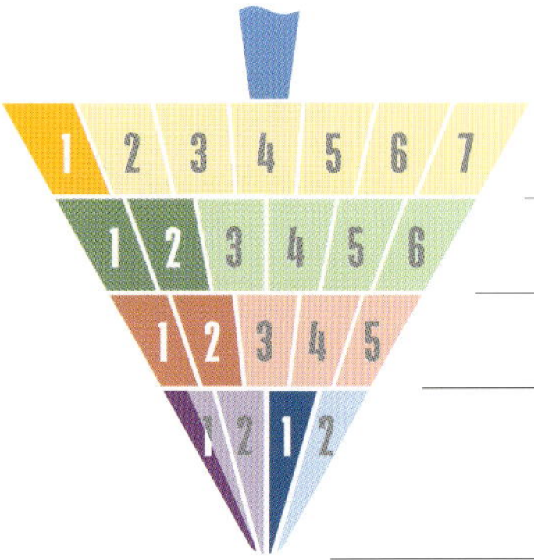

	ロールパン	簡単！ヘルシー煮込みハンバーグ	柿のヨーグルト	計
エネルギー	185 kcal	246 kcal	113 kcal	544 kcal
主食	1.0 SV			1.0 SV
副菜		2.0 SV		2.0 SV
主菜		2.0 SV		2.0 SV
牛乳・乳製品			0.5 SV	0.5 SV
果物			1.0 SV	1.0 SV

酢使用量 15 ml

食塩 2.0 g

食物繊維 8.0 g

主食はライ麦パン１個をつけた場合となっています。

食材メモ

柿

東アジアを原産とします。主な産地は和歌山、奈良、福岡などです。甘柿、渋柿の区別があり、品種数は1000以上とされています。甘柿は日本で特異的に分化したものとされています。旬は秋です。

栄養　ビタミンＣがかなり多く含まれます。また柿の果実のオレンジ色はカロテノイドに由来し、抗酸化作用が高い果実です。干し柿にすると、ビタミンＣはほとんど無くなりますが、ビタミンＡは増加します。柿の葉はタンニンの殺菌効果から押し寿司などに用いられたり、また花粉症予防の茶葉としても流通しています。

保存法　低温で保存すると1週間程度持ちますが、できる限り早めに食べましょう。

マスタード（洋がらし）

マスタードはシロガラシと呼ばれる辛子種子から作られた辛子です。その他、クロガラシやカラシナがあります。

栄養　ビタミンB_1やナイアシンなどのビタミンを若干含みます。また練りマスタードや粒入りマスタードの製造には酢が用いられます。マスタードの辛味は料理の味を引き立てたり、また食欲増進や防腐作用などもあります。

使い方　肉料理の消臭や、ドレッシング、漬物などに使います。

酢の調味料

オレンジぽん酢：7 kcal / 大さじ 1

オレンジの風味により、一味違ったぽん酢に仕上がります。淡白な魚にかけたり、ドレッシングの代わりにご利用ください。

● 材料［2 人分］

濃口しょうゆ…大さじ 1
穀物酢…大さじ 1
オレンジジュース…大さじ 1
レモン汁

● 作り方

1. 全ての材料を混ぜ合わせる。

骨を強くするビタミン

骨の形成に関係するビタミンとしてビタミンD、ビタミンK、そしてビタミンCなどがあります。ビタミンDは骨や歯を作るカルシウムの吸収を向上させ、ビタミンKはカルシウムを用いた骨の形成に必要であり、ビタミンCは骨のタンパク質であるコラーゲンが作られるのに必要です。
ビタミンDは魚やキノコなどに多く含まれています。
ビタミンKは野菜に、ビタミンCは野菜や果物に含まれます。成長に欠かせないビタミンなので、妊婦やお子様はそれら食品を意識してとる必要がありますね。

お肉には、お酢と野菜をたっぷりと添えて

ポークステーキ ～ブルーベリーソー酢添え～

＋ポテト酢サラダ

ブルーベリーとお酢を合わせてお肉のソースにすると、お肉の味が引き立ちます。
野菜をたっぷりと添えて、ヘルシーにいただきましょう。

ポークステーキ
～ブルーベリーソー酢添え～

183 kcal / 1 人分

◎ 材料 [2 人分]

豚ロース肉…100ｇ
かぼちゃ…50ｇ
にんじん…中 1/2 本
マッシュルーム (しいたけでも)…4 個
こしょう…少々
オリーブオイル…小さじ 1/2

〈ブルーベリーソー酢〉

A
- ブルーベリー (冷)…40g
- 砂糖…小さじ 1
- 白ワイン (なければ酒)…小さじ 2
- 濃口しょうゆ…小さじ 2

白ワインビネガー…大さじ 1

◎ 作り方

1 豚肉の脂肪の部分を取り除く。

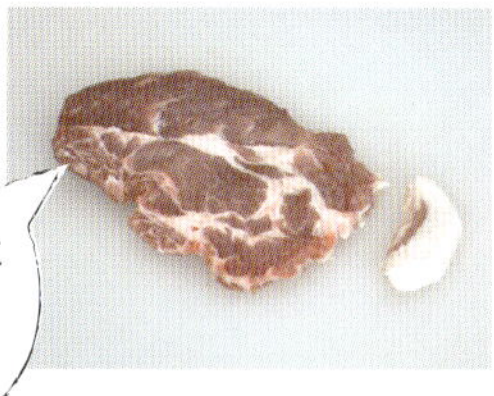

余分な脂肪を切り落とせば、エネルギーをカットできます .

2 かぼちゃとにんじんは 1ｃｍ幅に切り、マッシュルームは石づきを切る。

3 フライパンにオリーブオイルをひき、中火で **1**、**2** を焼き、こしょうをふる。

4 小鍋に **A** を入れ、弱火で煮詰め、好みの濃度になったら火を止め白ワインビネガーを加える。

最後に火を止めてから加える .

5 **3** を盛り付け、**4** のブルーベリーソー酢をかける。

ポテト酢サラダ

137 kcal / 1 人分

◎ 材料 [2 人分]

じゃがいも…中 2 個 (180ｇ)
枝豆…10 さや分
ミニトマト…小 6 個

A
- マヨネーズ…大さじ 1
- 穀物酢…大さじ 1
- こしょう…少々

◎ 作り方

1 じゃがいもに包丁で薄く切れ目を入れて、電子レンジで約 5 分加熱する。

2 枝豆をさやごと茹でた後、豆をさやから取り出す。ミニトマトは 4 等分に切っておく。

3 **1** を熱いうちに皮をむき、好みの大きさにつぶす。

4 **2** と **3** を和えて、**A** を加えてよく混ぜる。

酢が好きな方はマヨネーズを少なめにして調整しましょう .

食事バランスガイド

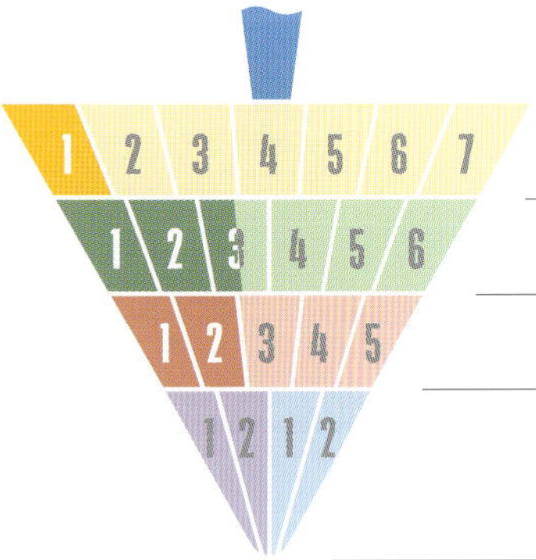

	ロールパン（1個：60g）	ポークステーキ	ポテト酢サラダ	計
エネルギー	190 kcal	183 kcal	137 kcal	510 kcal
主食	1.0 SV			1.0 SV
副菜		1.0 SV	1.5 SV	2.5 SV
主菜		2.0 SV		2.0 SV
牛乳・乳製品				
果物				

酢使用量 15 ml
食塩 1.0 g
食物繊維 4.9 g

主食はロールパン１個をつけた場合となっています。

食材メモ

ブルーベリー

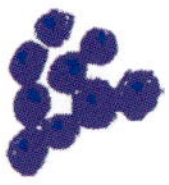

北アメリカ原産。主な産地は長野、岩手、青森などです。ハイブッシュ、ラビットアイ、ローブッシュの３種が主な品種です。ローブッシュブルーベリーはワイルドブルーベリーといわれるように野生種を栽培しているものです。

栄養 紫色の色素成分であるアントシアニンを豊富に含み、またビタミン類ではビタミンＥを多く含むため、抗酸化作用があります。アントシアニン色素は眼精疲労を改善するといわれています。

保存法 冷蔵保存で約6週間、冷凍保存では1年近く貯蔵ができます。

使い方 ジャム、ジュースに加工するほか、果実酒やドレッシングとしても利用できます。

枝豆

原産地は中国とされます。主な生産地は千葉、山形、群馬などです。
大豆の莢が緑色のうちに収穫し利用する目的で栽培されたものです。

栄養 カリウム、カルシウム、マグネシウム、鉄などのミネラルが豊富です。ビタミンでは葉酸が多く、ビタミンB_1、ビタミンＣも含むため、ビタミンやミネラルの補足のためのおやつや副菜として重宝します。また食物繊維が多いので低カロリーです。

選び方 保存法 莢の緑が鮮やかで濃いもの、莢の表面のうぶ毛が十分ついているものを選びましょう。保存は、ポリエチレン袋に入れて冷蔵保存（0℃）をするか、固めに茹でて冷凍保存もできます。

使い方 塩茹でして食べるほか、サラダや炊き立てご飯に混ぜたり、東北地方では茹でた枝豆をつぶして「ずんだ」にもします。

プラすレシピ 20

酢の調味料

ごまドレッシング：21 kcal / 大さじ 1

ドレッシングは家庭で簡単に手作りできます。絹ごし豆腐は水切り不要なので、ミキサーを使えば、より簡単です。白ごまを黒ごまにしたり、黒酢、黒糖など、お好みで素材を変えてもおいしくできます。

● 材料［2人分］

白すりごま…10g
絹ごし豆腐…80g
穀物酢…大さじ 1
ごま油…小さじ 1
濃口しょうゆ…小さじ 2
砂糖…小さじ 2

● 作り方

1. 全ての材料をミキサーにかける。（または裏ごしした絹ごし豆腐に残りの材料を混ぜていく）

食塩の取りすぎは高血圧をひきおこします

日本人の平均食塩摂取量は高く、それと共に高血圧者も増えています。また高血圧と脳梗塞との関連は多く報告されており、高血圧の状態が長く続くと、脳梗塞や心筋梗塞など循環器系の疾患を招くことになります。食塩摂取目標量は男性で一日 9g 未満、女性で 7.5g 未満とされています（日本人の食事摂取基準 2010 年版より）。ラーメンのスープを全部飲んでしまうと約５ｇの食塩、親子丼やカツ丼には平均して４ｇ程度の食塩が含まれているので、それら一回分で一日の目標量の半分以上を摂ってしまうことになります。薄味に慣れることが必要ですね。

和と洋のバランスレシピ

なすとエリンギのピザ風

+れんこんのねぎツナ焼き

カロリーの少ないなすとエリンギを使ってヘルシーピザにしました。
“れんこんのねぎツナ焼き” を添えて、和と洋の巧妙なバランスをお楽しみください。

なすとエリンギのピザ風
185 kcal / 1 人分

◎ 材料 [2 人分]

なす…1 本（140g）
エリンギ …1 パック（80g）
ベーコン…40g
A
- ケチャップ…小さじ 4
- おろしにんにく…少量
- こしょう…少々
- バジル（粉）…少々

とろけるチーズ…2 枚
パン粉…少量
バルサミコ酢…小さじ 4

◎ 作り方

1 なすを 5 ㎜幅で斜めに切る。エリンギは手で割く。ベーコンは食べやすい大きさに切る。

2 1 を耐熱皿に並べ、**A** を合わせてかけ、全体的にのばす。

味のムラをなくすために全体にかける．

3 **2** にチーズをのせ、その上にパン粉をふる。

4 200℃（予熱なし）のオーブンで様子を見ながら 15 分ほど焼く。

5 焼きあがったらバルサミコ酢をかける。

ケチャップとバルサミコ酢がよく合います．

れんこんのねぎツナ焼き
142 kcal / 1 人分

◎ 材料 [2 人分]

れんこん …160g
片栗粉…少量
A
- ねぎ…1/2 本（40g）
- ツナ（ノンオイル）…1 缶（80g）
- みそ…小さじ 2
- 砂糖…小さじ 1

サラダ油 …少量

◎ 作り方

1 れんこんは 1 ㎝幅の輪切りにする（皮は薄ければ取らなくてよい）。ねぎを細かい輪切りにする。

少し厚めが食感もよい．

2 **A** を合わせておく。

3 鍋にサラダ油を熱し、れんこんを軽くいためる。

4 **2** 枚 1 組のれんこんの各片面に片栗粉をつけ、**A** を挟む。

片栗粉をまぶして具のつなぎにする．

5 フライパンに少量のサラダ油をひき、**4** を中火で 1 ～ 2 分焼く。裏返してまた 1 ～ 2 分焼く。

食事バランスガイド

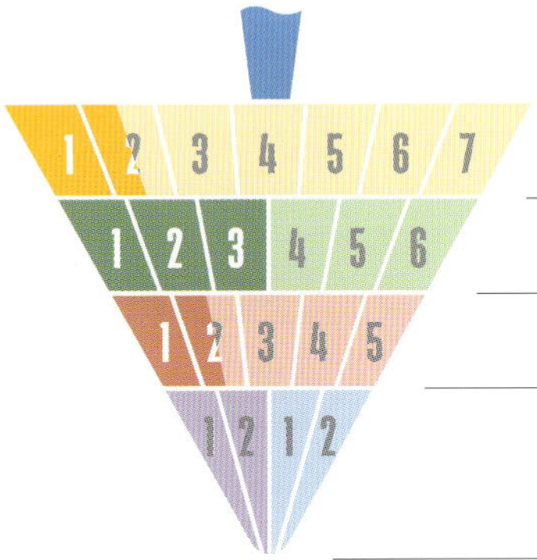

	白米	なすとエリンギのピザ風	れんこんとねぎツナ焼き	計
エネルギー	285 kcal	185 kcal	142 kcal	612 kcal
主食	1.5 SV			1.5 SV
副菜		1.5 SV	1.5 SV	3.0 SV
主菜		0.5 SV	1.0 SV	1.5 SV
牛乳・乳製品				
果物				

酢使用量 10 ml

食塩 2.3 g

食物繊維 6.3 g

主食はごはんを茶碗一杯つけた場合となっています。

食材メモ

なす

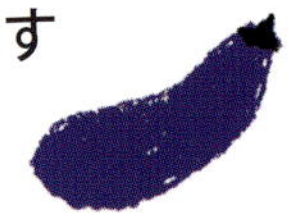

インドが原産と考えられています。日本各地で生産され、独特の地方種があります。長ナス、丸ナス、小ナスなど形のちがうもの、果皮や果肉の硬軟に差異のあるものなどがあります。

栄養　なすの紫黒色の皮には抗酸化作用の強いアントシアニン色素が含まれています。眼精疲労を改善するといわれます。

選び方 保存法　表面にハリ・ツヤがあり、ヘタの切り口が新しいものを選びましょう。保存するときはラップなどで包んで野菜室で保存しましょう。

使い方　味が淡泊なので、漬け物、煮物の他、油炒めや揚げ物などにも使われます。ポリフェノール類を含むため、切った後断面が褐色に変化しますが、すぐ水に浸すか塩もみにより色の変化を防ぐことができます。

レンコン

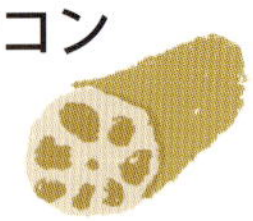

原産地はインド説、エジプト説、中国説とさまざまです。主な産地は茨城、徳島などです。ハスの地下茎の肥大したものがレンコンです。

栄養　デンプンを含むため、加熱糊化して食されます。またビタミンCを含みますが、加熱により減少します。ポリフェノール類が多く含まれます。

保存法　保存性は良いほうですが、切り口をラップでくるんで冷蔵庫で保存するか、酢水で茹でて冷凍保存すると日持ちします。

使い方　煮物、酢の物、揚げ物、炒め物などに使われます。

プラすレシピ 21

強い味方、常備菜

バニラブルーベリー：20 kcal / 大さじ 1

お酢にブルーベリーの色が移ってきたら食べごろです。ヨーグルトにかけてミントを散らしてみてもいいですね。

● 材料［2人分］

ドライブルーベリー…1 パック (45g)
バニラエッセンス…2.3 滴
好みのお酢…70cc

● 作り方

1. 鍋で煮立たせた熱湯の中で瓶を煮沸消毒する。
2. 材料を瓶にすべて入れて、冷蔵庫で漬ける。

お酢の調理機能性（その①- 褐色防止 -）

ナスやジャガイモ、レンコン、またリンゴやももなどを切った後しばらく放置していると、切り口が茶っぽく変色してきます。これは野菜や果実中に含まれるポリフェノールという成分が酵素と反応して起きるもので、「褐変」といわれる変化です。褐変しやすいもの、しにくいもの野菜や果実により様々ですが、褐変を防ぐための方法として酢水につけるというやり方があります。レンコンなどは酢水に漬けておきそのまま煮ることで、シャリシャリとした歯ざわりのよい白いレンコンに仕上がります。

いつまでも若々しく

プルーンなます ＋ 塩鮭の簡単煮

にんじんのビタミンA、大根のビタミンC、プルーンのポリフェノールにお酢を加えれば、
抗酸化力とお酢のパワーでヘルシーライフが期待できそうです。副菜として
“塩鮭の簡単煮”を添えてバランスをアップさせました。

プルーンなます

67 kcal / 1 人分

◎材料 [2 人分]

大根…1/4 本（200g）
にんじん…2/3 本（100g）
ドライプルーン…2 個
（好みのドライフルーツでも可）
塩…小さじ 1/3
A [穀物酢…大さじ 2
　 砂糖…小さじ 1/2

◎作り方

1 大根、にんじん、プルーンをせん切りにする。

2 大根とにんじんを合わせ、塩をふり、軽く混ぜ合わせ 5 分ほど置く。

3 ボウルに **A** を合わせ、そこに水気を切った **2**、プルーンを入れてよく混ぜ合わせる。

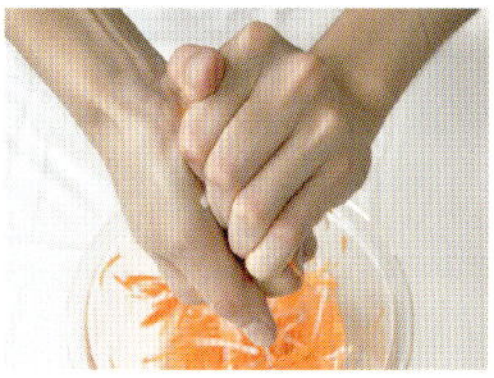

塩鮭の簡単煮

183 kcal / 1 人分

◎材料 [2 人分]

塩鮭…2 切れ
白菜…1/8 玉 (240g)
A [水…150ml
　 酒…50ml

◎作り方

1 白菜を 4〜5cm のざく切りにする。

2 鍋に白菜の 2/3 を敷き、その上に塩鮭、さらにその上に残りの白菜を敷き詰める。

3 **2** に **A** をまわしかけ、落としぶたをし、中火で 10 分ほど蒸し煮にする。

塩鮭だけで味付けできます .

食事バランスガイド

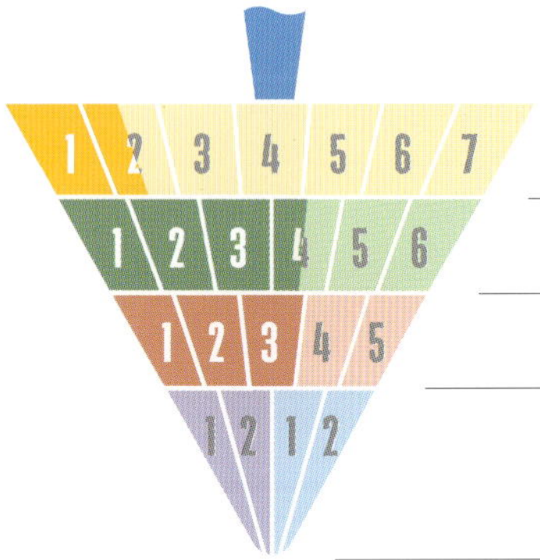

	白米	プルーンなます	塩鮭の簡単煮	計
エネルギー	285 kcal	67 kcal	183 kcal	535 kcal
主食	1.5 SV			1.5 SV
副菜		2.0 SV	1.5 SV	3.5 SV
主菜			3.0 SV	3.0 SV
牛乳・乳製品				
果物				

酢使用量 15 ml

食塩 2.3 g

食物繊維 4.9 g

主食はごはんを茶碗一杯つけた場合となっています。

食材メモ

白菜

地中海沿岸を起源とするとされています。主な産地は長野、茨城、愛知です。最近は周年収穫が可能になっていますが、旬は秋〜冬です。

栄養 カリウム、カルシウム、ビタミンK、葉酸、ビタミン C を含みますが、ほとんどが水分であるため、それほど多くはありません。

選び方 保存法 葉の緑色部分が黄色くなっておらず、しっかり葉が巻いてあるものを選ぶとよいでしょう。保存の際は、新聞紙に包んで野菜室に立てて保存しましょう。カットした白菜はラップに包んで野菜室で保存しましょう。

使い方 漬物や鍋物をはじめ、炒め物、煮物、浸し物、汁物など広く用いられます。近年、サラダとしても利用されています。淡白な味なのでさまざまな食材とよく調和します。

ドライプルーン

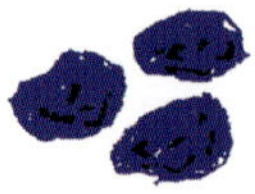

プルーンの原産地は旧ソ連のコーカサス地方といわれています。ヨーロッパスモモのうち、乾燥果実として利用されている品種の総称をプルーン、そのプルーンを乾燥させたものがドライプルーンです。雨の少ない米国カリフォルニアなどで栽培されています。

栄養 糖アルコールの一種ソルビトールを多く含むため、低カロリーで便秘予防の食品として親しまれています。またビタミンではナイアシンやビタミンB_6、ミネラルではカリウムやカルシウムなどを多く含みます。

使い方 そのまま食べるほか、肉類やサラダ、ドライカレーなどのトッピングやフルーツケーキに混ぜ込むなど、料理のアクセントとしても使えます。

酢の調味料

だしぽん：6 kcal / 大さじ 1

だしが効いた塩分控えめなぽん酢です。鍋ものや湯豆腐、冷奴などによく合います。その他、和食やドレッシングにもご利用ください。

● 材料

和風だし汁(7 ページ参照)…大さじ 2
濃口しょうゆ…大さじ 2
穀物酢…大さじ 1
レモン汁…大さじ 1

● 作り方

1. 材料を合わせる。

残っただしは製氷皿に入れて凍らせておけば便利です．

お酢の調理機能性（その②ービタミン C 保護）

成長や抗酸化剤としても重要なビタミンCは、調理操作により酸化されやすいビタミンです。ビタミンCが酸化されると、ビタミンCとしての作用が失われます。ニンジン、カボチャ、キュウリなどにはビタミンCを酸化するアスコルビナーゼという酵素が含まれるため、もみじおろしなどではビタミンCの量が低下します。お酢はこの酵素の働きを抑えることができるので、もみじおろしなどにお酢を混ぜておくと、ビタミンCの損失を防ぐことができます。

酸味と辛味のぽかぽか中華スープ

酸辣湯 ＋ホタテ入り野菜炒め

お好みでレモン汁を入れるとより爽やかで、野菜炒めに入れたしょうがの辛味成分が血行を促進し、さらに脂肪代謝もUPします。

酸辣湯

75 kcal / 1 人分

◎ 材料 [2 人分]

チンゲン菜…1/4 株(40g)
しいたけ…1 個
ハム…1 枚
春雨…8g
卵…1/2 個
水…400ml
A [中華だしの素…小さじ 1 強
　 濃口しょうゆ…小さじ 1
片栗粉…大さじ 1/2
穀物酢…大さじ 1
ラー油…適量
(レモン汁…適量)

◎ 作り方

1 チンゲン菜は茎の部分を斜め切り、葉をざく切りにする。しいたけは薄切り、ハムは細切りにする。春雨は耐熱容器に水を入れ、電子レンジに約 2 分かけ、少し戻しておく。

2 鍋に水を入れ、沸騰したら **1** をすべて入れる。

3 再沸騰し、春雨が完全に戻ったら **A** で味付けする。

4 水溶き片栗粉を入れてとろみをつける。

とろみがつくと冷めにくくなります .

5 溶いた卵を流し入れてかき混ぜる。火を止めて酢、ラー油を入れる。

お好みでレモン汁を加えると酸味が和らぎます .

ホタテ入り野菜炒め

115 kcal / 1 人分

◎ 材料 [2 人分]

ブロッコリーの芯…中 1 株分 (100g)
もやし…1/2 袋 (100g)
にんじん…1/2 本 (60g)
ベビーホタテ…100g
しょうが(チューブでOK)… 適量
サラダ油…少量
塩・こしょう…少々
濃口しょうゆ…小さじ 1

◎ 作り方

1 ブロッコリーの芯は 3~4cmの短冊切りにする。にんじんは皮つきのまま薄い半月切りにする。

2 フライパンに少量のサラダ油をひき、しょうがを炒め香りを出し、ブロッコリーの芯、にんじんを炒める。

しょうがの香りがポイントです .

3 もやしとベビーホタテも入れ、炒める。

4 塩・こしょうで味付けし、仕上げに濃口しょうゆを加えてさっと炒める。

食事バランスガイド

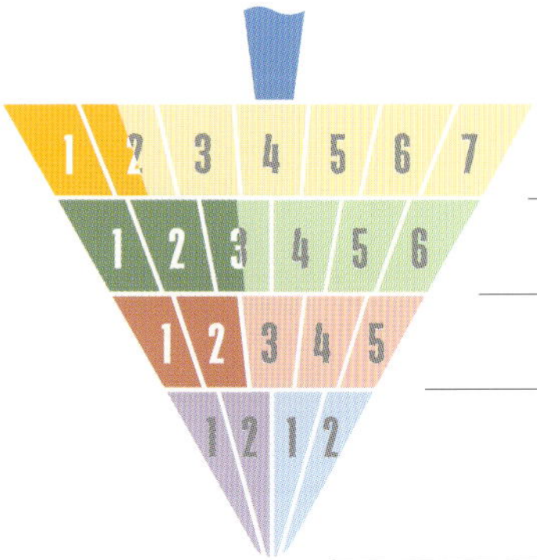

	白米	酸辣湯	ホタテ入り野菜炒め	計
エネルギー	285 kcal	75 kcal	115 kcal	473 kcal
主食	1.5 SV			1.5 SV
副菜		0.5 SV	2.0 SV	2.5 SV
主菜		0.5 SV	1.5 SV	2.0 SV
牛乳・乳製品				
果物				

酢使用量 15 ml
食塩 2.5 g
食物繊維 4.3 g

主食はごはんを茶碗一杯つけた場合となっています。

食材メモ

ラー油

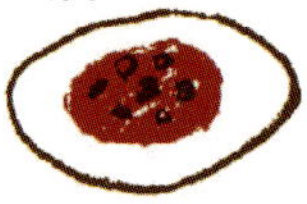

ごま油に赤トウガラシを入れて加熱し、トウガラシの辛味成分や赤い色素をごま油に溶け出させた辛い油です。

栄養

唐辛子、山椒、葱、生姜、にんにくなどを原料にして、食用油にその辛味成分を抽出させるように作られているため、カプサイシンなどの辛味成分が豊富に含まれます。また用いられる食用油の種類により、脂肪の栄養的価値が異なってきます。乾燥した唐辛子にはβ-カロテンが多く含まれるため、ラー油にも含まれます。

保存法

油の酸化を防ぐ意味でも、冷暗所に保存すると長持ちします。しかし、一度開封したものは早めに使い切りましょう。

ホタテ

旬は冬から春にかけてです。北海道や東北地方の寒い海で漁獲されます。

栄養

葉酸、ビタミンB_{12}、ビタミンB_{2}、β-カロテンなどのビタミン類を多く含み、ミネラルとしては、カルシウム、カリウム、鉄や亜鉛を多く含みます。旨味成分（コハク酸、グリシン、アラニン、タウリン）を含むため、旨味があります。

選び方 保存法

殻が欠けておらず、少し開いていて、刺激を与えるとキュッと殻を閉じるものが新鮮です。保存は冷暗所で１～２日程度できますが、貝柱は冷凍しても風味が損なわれないため、すぐに食べない時には冷凍保存するとよいでしょう。

使い方

刺身、煮物、汁物の他、バター焼きや酒蒸しにしても美味しいです。

プラすレシピ ㉓

物足りないときのもう一品

大根の葉っぱ酢：9 kcal/ 大さじ 1

大根の葉っぱは、白い根の部分よりもビタミンCが豊富です。大根を切ったついでに一緒に作ってしまえば、副菜が一品増えます。ごはんにのせて、食感を楽しんでください。かぶの葉っぱでも同じようにいただけます。

● 材料

大根の葉っぱ…1 株(60g)
塩…小さじ 1/2
穀物酢…大さじ 1

● 作り方

1. 小口切りにした大根の葉っぱを塩もみする。
2. よく水気を切ったら、器にいれてお酢をかける。

お酢の調理機能性（その③―食肉・魚肉の風味向上）

食肉を焼く前にお酢、味噌、醤油、清酒など酸性の調味料に漬けておくと、食肉中のタンパク質分解酵素が働き、肉が軟らかく仕上がります。また肉汁の流出を抑えるため、ジューシーな風味を保ちます。一方、しめさばなどの魚の酢じめは、魚肉を食塩でしめた後、お酢に浸して肉質を引き締めたものですが、お酢に浸すことにより魚肉を白くし、保存性も増します。またお酢の作用によりアミノ酸が増加するため風味が増します。

味に変化をつけた

たたきごぼうの梅和え

＋マグロのしょうが焼き

ごぼうの食物繊維と梅のクエン酸がお酢とよく合います。
また、マグロを油で焼くとお肉のような食感に変化します。
味に変化をつけて、普段と違った気分をお楽しみください。

たたきごぼうの梅和え

60 kcal / 1 人分

◎ **材料** [2 人分]

ごぼう…2/3 本(140g)

梅干し…1 個

A
- 濃口しょうゆ…小さじ 2
- 穀物酢…小さじ 2
- すりごま…適量

◎ **作り方**

1 ごぼうをたわしで洗い,土と皮を取る。

無駄なく素早く皮が取れる.

2 ごぼうを4つ割りにし、鍋に入るくらいの長さに切る。

3 湯を沸かし、酢を入れて 6〜7分ゆでる。(水1000ml に対して酢大さじ1程度)

4 茹でている間に梅干しを包丁で叩き、**A**と合わせ、和えだれを作る。

5 茹でたごぼうをめん棒などで叩いて3〜4cmの長さに切り、**4** で和える。

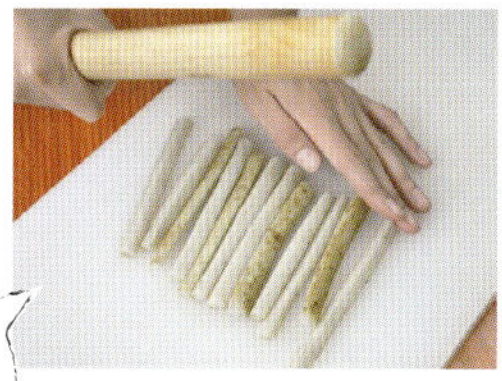

味が染みやすくやわらかくなります.

マグロのしょうが焼き

134 kcal / 1 人分

◎ **材料** [2 人分]

マグロ…120g

A
- 濃口しょうゆ…大さじ 1
- みりん…大さじ 1
- 酒…大さじ 1
- おろししょうが…適量

サラダ油…少量

キャベツ…3〜4 枚 (100g)

ミニトマト…4 個

◎ **作り方**

1 **A** を混ぜ、浸け込みだれを作る。

2 マグロを1cmくらいの厚さに切って、**1** に 5 分ほど浸ける。

3 マグロの水気をキッチンペーパーなどで拭き取り、マグロを少量のサラダ油をひいたフライパンで焼く。

4 せん切りキャベツ、ミニトマトと共に皿に盛る。

5 浸けだれを少し煮立て、焼いたマグロやキャベツにかける。

食事バランスガイド

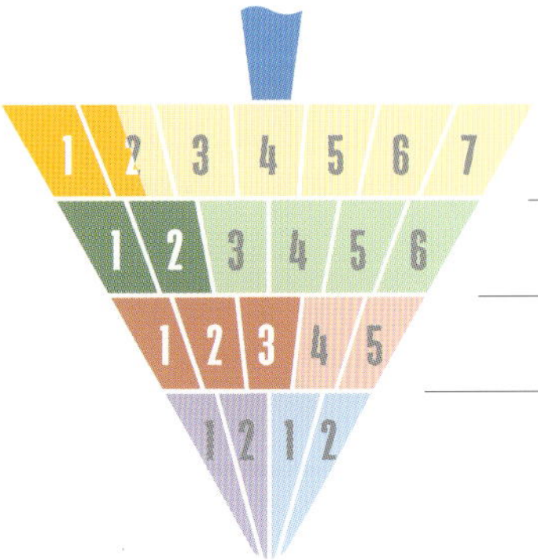

	白米	たたきごぼうの梅和え	マグロのしょうが焼き	計
エネルギー	285 kcal	60 kcal	134 kcal	479 kcal
主食	1.5 SV			1.5 SV
副菜		1.0 SV	1.0 SV	2.0 SV
主菜		1.0 SV	2.0 SV	3.0 SV
牛乳・乳製品				
果物				

酢使用量 5 ml

食塩 2.6 g

食物繊維 5.7 g

主食はごはんを茶碗一杯つけた場合となっています。

食材メモ

マグロ（クロマグロ）

マグロ類にはクロマグロ、メバチマグロ、キハダマグロなどがあります。クロマグロは別名ホンマグロと呼ばれ、マグロの中では最高級です。旬は冬です。

栄養

トロ（脂身）には赤身よりビタミンD、A、Eおよび鉄が多く含まれます。また赤身より脂肪量が 30 倍多く含まれ、ＥＰＡや、ＤＨＡは赤身よりかなり多く含まれます。一方コレステロールは赤身と同量程度ですが、食肉に比べるとかなり少ないです。

選び方

さく（長方形の切り身）で購入する際は、ドリップがでておらず、深みのある赤色をしたものを選びましょう。また、筋目がまっすぐ平行に走っているものが体の中央部の身なので、筋っぽくなくより美味しいです。

使い方

刺身、づけ、焼き物やねぎま鍋、ねぎま汁にすると美味しいです。

梅干

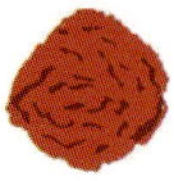

原料となる梅は南高や甲州最小などです。梅の実を塩漬けしたものを梅漬といい、梅干はこれを数回日干しします。赤シソを梅漬けの中に混ぜると赤梅干となります。

栄養

梅干は塩分が 22% と高く、調味梅干は塩分が 7.6% と低くなっています。クエン酸が豊富に含まれるため、疲労回復効果が期待できます。またポリフェノールが含まれるため抗酸化作用があります。未熟な青梅には青酸配糖体が含まれるため、摂取を避けなければなりません。

使い方

そのまま食べるほか、細かく刻んでじゃこなどと混ぜると即席ふりかけに。その他、ドレッシングや和え物、トッピングとして利用もできます。

物足りないときのもう一品

おうちで酢昆布：89 kcal / 全量

加熱もせずにそのまま漬けるだけの簡単酢昆布です。漬けることで昆布が軟らかくなります。また、昆布の繊維に対して垂直に切ると食べやすくなります。トロっとした独特の食感をお楽しみください。

● 材料

昆布…20g

A
- 穀物酢…100ml
- 砂糖…大さじ 1
- 塩…ひとつまみ

● 作り方

1. タッパーなどの容器にAをよく混ぜ合わせる。

2. 昆布を細かく切って、*1* に浸ける。半日ほど漬けると軟らかくなる。

お酢の調理機能性（その④ー臭い消し、減塩効果）

魚臭の原因物質であるトリメチルアミンは、腐敗と共に増加するので、腐敗の指標になります。お酢を加えておくと酸性のため細菌の繁殖が抑えられますので、お酢を加えることにより生臭みを抑えることができます。
一方、お酢の酸味には食塩量が少なくてもそれを補う食味増強効果がありますので、減塩の調理にはお酢を活用することができます。

揚げものにもたっぷりの野菜を添えれば安心

大根パリパリ ＋チキンカツレツ

茹でたり煮たりすると減少するビタミン類の損失を抑えるために、お酢を使って切り干し大根を生で食べられるように工夫してみました。“チキンカツレツ”は少量の油で揚げ焼きにすると、カロリーを抑えることができます。

大根パリパリ

76 kcal / 1 人分

◎ **材料** [2 人分]

切干大根…30g
水菜…40g
干しえび…大さじ 2

A	穀物酢…大さじ 2
	みそ…小さじ 1
	砂糖…小さじ 1
	すりごま…小さじ 1

◎ **作り方**

1 切干大根を水で洗ったあと、たっぷりの水に 20 分ほど浸けてもどす。

約 5 倍に増えます .

2 水菜を 3～4cm くらいの食べやすい長さに切る。

3 干しえびをフライパンで香りが出るまで炒り、冷ましておく。

4 **1**の水気を絞り、**2**、**3**、**A**と混ぜ合わせる。

ここでドレッシングと和えても OK です .

チキンカツレツ

259 kcal , 248 kcal / 1 人分
（ケチャップ）（おろしポン酢）

◎ **材料** [2 人分]

鶏むね肉…100g
塩・こしょう…少々
片栗粉…適量
卵…適量
パン粉…適量
油…大さじ 2
ミニトマト…4 個
サラダ菜…4 枚
レモン…1/3 個
ケチャップ…大さじ 2

A	大根おろし…大さじ 3
	穀物酢…小さじ 2
	濃口しょうゆ…小さじ 2
	レモン汁…小さじ 2

◎ **作り方**

1 鶏むね肉をめん棒で叩いて伸ばす。

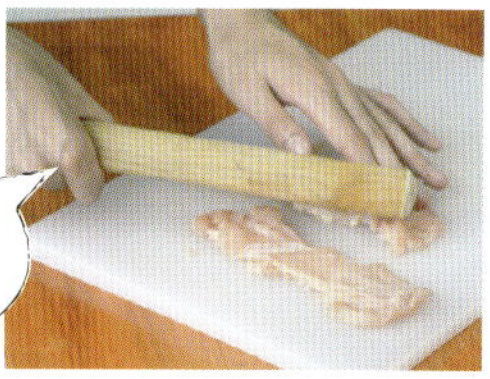

叩くことで繊維が切れて柔らかくなります .

2 **1** に塩・こしょうをし、片栗粉、卵、パン粉の順につけていく。

3 フライパンに油を入れて、**2** を揚げ焼きにする。

4 ミニトマト、サラダ菜、くし形に切ったレモンとともに **3** を盛り付ける。

5 ケチャップやおろしポン酢 **A** を添える。

食事バランスガイド

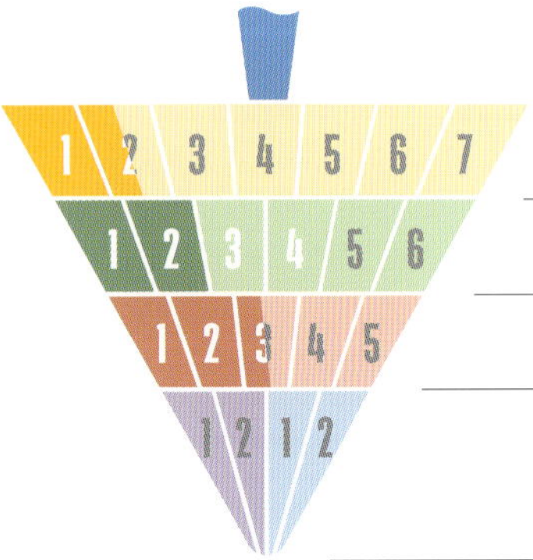

	白米	大根パリパリ	チキンカツレツ	計
エネルギー	285 kcal	76 kcal	238 kcal + 21 / 10 kcal	598 kcal
主食	1.5 SV			1.5 SV
副菜		1.5 SV	0.5SV	2.0 SV
主菜		0.5 SV	2.0 SV	2.5 SV
牛乳・乳製品				
果物				

酢使用量 15 ml

食塩 0.9 g

食物繊維 4.8 g

主食はごはんを茶碗一杯つけた場合となっています。

食材メモ

切干大根

切干大根は「干し大根」の一つであり、大根を１日天日干しにしたものです。せん切りが主体ですが、割り干しや花切り干しもあります。切り干しは宮崎が主要な生産地となっています。

栄養　カリウム、カルシウム、鉄および亜鉛がかなり豊富です。生の大根より、ビタミンB_1、ナイアシン、パントテン酸も増加するので、代謝を助けます。また食物繊維が豊富ですので、余剰な脂肪やコレステロールなどの体内吸収を抑制し、便秘予防も期待できます。

使い方　よく洗った後に、たっぷりの水でもどしてから使います。漬物や和え物、煮物などに利用できます。

鶏むね肉

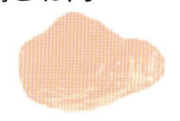

鶏肉のむねの部分です。肉質が柔らかく、味はあっさりしています。

栄養　もも肉に比較してタンパク質が多く、脂肪が少ないのが特徴です。また代謝を助けるナイアシンやビタミンB_6がもも肉より豊富です。鶏肉は他の食肉に比較して骨形成に関わるビタミンKを多く含みます。

保存法　鶏肉は傷むのが早いので、早めに食べきるのがよいでしょう。１～２日内に食べきるのであれば冷蔵保存で、長期保存であれば冷凍保存しましょう。

使い方　揚げ物、焼き物、煮物の他、茹でて野菜と和えるなどに利用できます。

プラすレシピ 25

もの足りないときのもう１品

酢じゃこ：199 kcal / 全量

ご飯によく合います。塩やしょうゆは使っていませんが、じゃこだけで十分味があります。じゃことごまを炒って、熱いうちにお酢の中へ。ジュッという音とともにじゃこがお酢を吸収します。噛めば噛むほどじゃこのうま味が出てきます。

● 材料

じゃこ…40g
ごま…大さじ１
A［穀物酢…大さじ２
　 砂糖…小さじ２

● 作り方

1. **A** を合わせる。
2. フライパンでじゃことごまを炒る。
3. 熱いうちに *2* を *1* に合わせる。

脂肪の過剰な摂取と疾病

近年食生活の欧米化と共に増加しているのが、大腸がんと乳がんです。食生活と関連のあるがんの要因として挙げられているのは、動物性食品、特に食肉の摂取による動物性脂肪の増加と、野菜や海藻、キノコに含まれる食物繊維の摂取の減少です。食物繊維は腸の働きを活発にし、便秘を解消します。また、コレステロールの排出や有害物質などの除去による腸内環境保全に貢献します。

毎日の食事は６つの基礎食品群からバランスよく

酢っきり寄せ鍋 ＋しめのおじや

鍋は６つの基礎食品群の食品を適度に組み合わせやすい献立の一つです。
鍋のだし汁にお酢を加え、ポン酢のようにしてつけて食べると減塩効果だけでなく、
体が温まりお酢の健康効果も期待できます。

酢っきり寄せ鍋

214 kcal / 1 人分

◎ 材料 [4 人分]

えび…4 尾
ホタテ…4 個
鶏手羽元…4 本
白菜…1/4 玉
小松菜…1/2 把
ねぎ…1/2 本
しいたけ…4 枚
えのき…1 袋
マロニー…50g
水…1000ml
だし昆布…20g
穀物酢…大さじ 2

A
- 酒…大さじ 2
- 濃口しょうゆ…小さじ 2
- 鶏ガラスープの素…小さじ 4 (12g)

◎ 作り方

1 えびは殻と背わたを取る。白菜は食べやすい大きさにざく切りにし、小松菜、ねぎも食べやすい大きさに切る。しいたけは石づきを取り、えのきは石づきを取り適度にばらにしておく。

2 鍋に水とだし昆布を入れて火にかける。

3 沸騰直前で昆布を取り出し、**A** を加えて再沸騰させる。

4 具材をすべて入れ、5～10 分ふつふつと加熱する。

5 穀物酢を鍋の汁で薄め、それにつけて食べる。

汁は最後のしめのことを考えて残しておきましょう！

しめのおじや

273 kcal / 1 人分

◎ 材料 [4 人分]

鍋の残り
おろししょうが…適量
ご飯…2 合分
卵…1 個
きざみのり…適量

◎ 作り方

しょうがでポカポカ .

1 鍋の残りにおろししょうがを入れて沸騰させる。

2 **1** にご飯を入れ、溶き卵を流し入れる。

3 仕上げにきざみのりを散らす。

食事バランスガイド

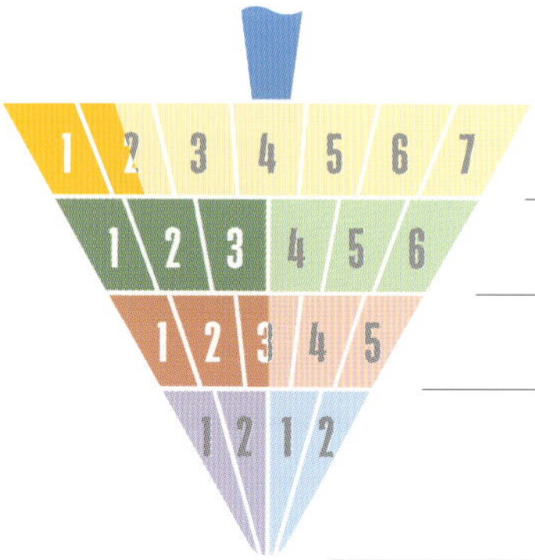

	酢っきり寄せ鍋	しめのおじや	計
エネルギー	214 kcal	270 kcal	487 kcal
主食		1.5 SV	1.5 SV
副菜	3.0 SV		3.0 SV
主菜	2.0 SV	0.5 SV	2.5 SV
牛乳・乳製品			
果物			

酢使用量 7.5ml

食塩 2.7g

食物繊維 5.4g

食材メモ

ねぎ

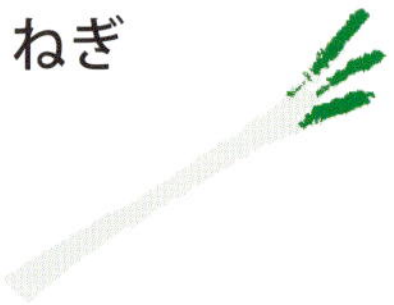

中国原産とされています。ネギ類には玉ネギ、ニンニク、ラッキョウ、ニラ、ワケギなどがあり、ネギ類には毒草がないことが知られています。本来の旬は冬ですが、一年中入手可能となっています。

栄養

β-カロテンが豊富です。またビタミンKや葉酸、ビタミンC、カリウムやカルシウムも多いです。ねぎには、特有の香りや辛味がありますが、それらは含硫化合物によるもので、健胃、利尿、発汗などの薬効作用があるといわれます。

保存法

新聞紙やラップに包んで野菜室へ。刻んだものは香りが飛ばないよう密封して冷蔵庫に入れると、3日ほど持ちます。

使い方

発芽してから抽台するまで、どの生育段階でも利用できます。薬味として使うほか、汁の具、炒め物、肉料理や魚料理のにおい消しとしても利用できます。

のり

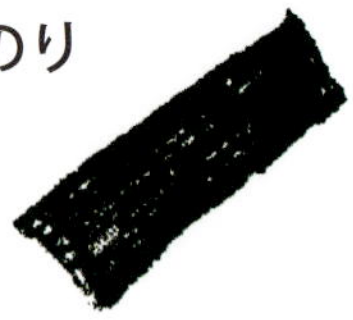

四角いシート状の干海苔は、スサビノリやアサクサノリなどのアマノリ属に属する藻類でできています。スサビノリ、アサクサノリとも旬は冬です。

栄養

焼きのりや味付けのりなどにはカリウム、カルシウム、マグネシウム、鉄などのミネラルが豊富に含まれます。またβ-カロテンがかなり多く含まれる他、ビタミンB_1、B_2、ナイアシン、B_6、B_{12}、葉酸、ビタミンC、Eなどのビタミン類も多く、ミネラル、ビタミンの宝庫です。のりの香りは硫黄を含む化合物によるものです。

保存法

吸湿により赤く変色してしまった海苔は炙っても元の緑色には戻りません。乾燥剤と一緒に密閉容器にしまうなど、湿気に気をつけましょう。

プラすレシピ 26

飲む酢ドリンク

ミルクカルピス：144 kcal / 1人分

穀物酢の酸味がよく抑えられる一杯です。牛乳が入っているので、カルシウムも一緒に摂ることができます。エネルギーが高いので、夜よりも朝〜昼に飲む方がおすすめです。

● 材料［2人分］

カルピス原液…大さじ2
牛乳…300ml
穀物酢…大さじ2

● 作り方

1. 全ての材料を混ぜ合わせる。

動物性タンパク質を過剰に摂取すると肥満のもとになります

生活水準が高くなると、動物性タンパク質の摂取が増加する傾向が、世界の国々において見られています。食肉などに含まれる動物性タンパク質は低年齢期の身長、体重の増加につながり、体格をよくする効果があります。しかし動物性タンパク質には動物性の脂肪が一緒に含まれることが多いので、摂取しすぎると脂肪の取りすぎに繋がります。特に運動量が減っている成人期および中高年期においてお肉を取りすぎると、摂取した脂肪が体内に蓄積して肥満のもとになります。

大根とお酢のメニュー

大根と豚肉のしょうゆ炒め ＋ 鮭かす汁

豚肉に含まれるビタミン B_1 は糖質の代謝を円滑にし、疲労回復を進めます。
お酢を大根に加えるとお酢の酸味が和らぎます。冬の定番“鮭かす汁”を添えれば、
体がぽかぽかと温まります。

大根と豚肉のしょうゆ炒め

82 kcal / 1 人分

◎ 材料 [2 人分]

大根…1/4 本
豚もも肉…50g
まいたけ…1/2 パック
しめじ…1/2 パック
A ┌ 濃口しょうゆ…大さじ 1
　 │ 穀物酢…大さじ 1
　 └ みりん…大さじ 1
サラダ油…少量

◎ 作り方

1 大根の皮をむき、短冊状に切る。

2 まいたけ、しめじはづきを取り、ほぐしておく。

3 豚肉を一口大に切る。

4 材料を炒めてよく火を通す。**A** を加え、さっと炒めて火を消す。

大根を加えるタイミングは食感の好みによって先でも後でも大丈夫です .

鮭かす汁

175 kcal / 1 人分

◎ 材料 [2 人分]

鮭… 1 切れ
根菜ミックス(73 ページ参照)…両手 1 杯分 (160g)
板こんにゃく…30g
だし汁… 1 カップ(200ml)
A ┌ みそ…大さじ 1
　 └ 酒粕…30g
根深ねぎ…適量

◎ 作り方

1 鮭は一口大にこんにゃくは 5 mm 幅の短冊状に切っておく。

2 鍋にだし汁を煮立たせ、根菜ミックスを入れる。

3 再び沸騰してきたら **1** を加える。鮭の色が変わったら **A** をといて加え、ねぎも加える。短時間加熱して火を止める。

酒粕は少量の煮汁でといてから加えるとだまになりません .

食事バランスガイド

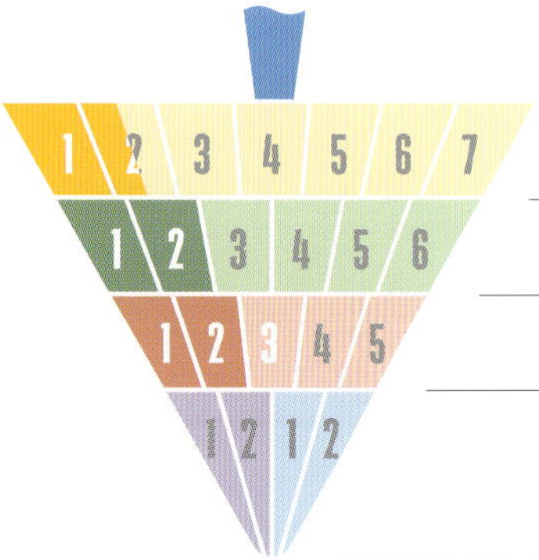

	白米	大根と豚肉のしょうゆ炒め	鮭かす汁	計
エネルギー	285 kcal	82 kcal	171kcal	537 kcal
主食	1.5 SV			1.5 SV
副菜		1.0 SV	1.0 SV	2.0SV
主菜		1.5 SV	0.5 SV	2.0 SV
牛乳・乳製品				
果物				

酢使用量 7.5 ml

食塩 2.6 g

食物繊維 6.5 g

主食はごはんを茶碗一杯つけた場合となっています。

食材メモ

にんじん

原産地はアフガニスタンです。西洋系と東洋系に分けられますが、近年出回っているのは、金時以外はほとんどが西洋系です。北海道、関東各県、鹿児島、徳島などで生産されています。

栄養

野菜の中でもにんじんは、ビタミンA作用をもつカロテン類を突出して多く含みます。ビタミンC酸化酵素を含むため、生の状態でサラダやジュースにすると、他の野菜や果物のビタミンCの作用を低下させてしまいます。この酵素の働きを止めるために、レモン汁や酢を加えるか、加熱をするとよいでしょう。

選び方 保存法

色鮮やかで表面がなめらかなものを選びましょう。
水気を切って新聞紙に包み、野菜室で保存します。

使い方

炒め物、酢の物、煮物など。洋食ならば肉の付け合わせやサラダにも使われます。

豚肉

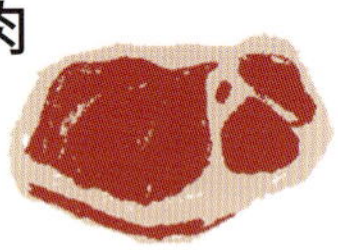

イノシシ科に属することから分かるように、豚の野生原種はイノシシです。豚の品種は約100種にも達し、世界の主な養豚地域は、ドイツ、デンマーク、オランダ、アメリカ、中国です。

栄養

他の食肉に比較して、ビタミンB_1の含有量がかなり高いのが特徴です。このため、エネルギー代謝を助ける食材となります。ニンニクのように、ビタミンB_1の吸収を高めるアリシンを含む食材と一緒に加熱調理すると、さらにその効果が高まります。

選び方

淡いピンク色で表面がみずみずしい光沢のあるもの、また、脂肪部分は白くて光沢がよく、ニオイのないものがよいでしょう。もちろん、ドリップなどが出ていないものがよいです。

使い方

かた、ロース、もも、ばら、ヒレなどの部位ごとに適した料理があり、煮込み、焼く、揚げるなど広く利用されます。

プラすレシピ 27

飲む酢ドリンク

トマトりんごジュース：51 kcal / 1人分

材料を混ぜるだけで簡単に作れます。トマトジュースが苦手な方でも抵抗なく飲めます。朝食時にお試しください。その日一日の元気の源になってくれそうです。

● 材料 [2人分]

トマトジュース…150ml
100%りんごジュース…150ml
穀物酢…大さじ2
レモン汁…小さじ2

● 作り方

1. 全ての材料を混ぜ合わせる。

睡眠と肥満

睡眠中に何らかの原因で呼吸が停止する、「睡眠時無呼吸症候群」という病気があります。肥満は睡眠時無呼吸症候群を引き起こす原因になるといわれています。肥満になると喉の奥も狭くなり、気道をつぶすため無呼吸になることなどが原因と考えられます。この病気は昼間に眠気が強くなるために、交通事故などの危険性が高いと指摘されています。体重の減量をすることにより、睡眠時無呼吸症候群をいくらか改善でき、また日中の眠気の改善や代謝の改善につながりますので、生活習慣病の合併も減らせると期待できます。

一日の摂取目標量 350g の約半分をとれる

スペイン風オムレツ ＋黒米のスープ

「健康日本 21」では、一日の野菜の摂取目標量は 350g とされています。このオムレツとスープの献立で、その約半分量の野菜をとることができます。相性のよいトマトとお酢のソースが味を引き立てます。黒米のスープを添えて、さらに彩りに変化を加えました。独特な風味と食感をお楽しみください。

スペイン風オムレツ

236 kcal / 1 人分

◎ 材料 [2 人分]

合いびきミンチ肉…40g
赤パプリカ…1/2 個
じゃがいも…中 1 個
玉ねぎ…中 1/4 玉
ピーマン…中 2 個
A ［ 砂糖…小さじ 1 / 濃口しょうゆ…小さじ 1 ］
塩・こしょう…少々

ごま油…小さじ 1/2
卵… 2 個
B ［ トマト…小 1 個 / ケチャップ…大さじ 1 / みそ…小さじ 1 ］
穀物酢…大さじ 2

◎ 作り方

1 赤パプリカとじゃがいもは 5 mm 幅の細切り、玉ねぎとピーマンは 1 cm 幅の細切りにそれぞれ切る。

2 フライパンにごま油をひき、合いびき肉をいため、**A** で味付けし、いったん取り出す。

3 残った油を少し拭き取り、**1** を順に入れて炒め、塩・こしょうで味付けする。

新しく油を加えずそのまま炒めることで油の量を減らします .

4 **2** をフライパンに戻し、とき卵を流し入れてふたをし、弱火で約 5 分加熱する。卵が固まったら取り出す。

5 **B** のソースを作る。フライパンにトマトを入れ、木べらでつぶしながら加熱する。残りの調味料を入れて煮つめ、火を止めて最後に穀物酢を加える。

6 オムレツを盛り付けソースをかける。

黒米のスープ

121 kcal / 1 人分

◎ 材料 [2 人分]

黒米…40g
水… 1 カップ' (200g)
にんじん…中 1/2 本
じゃがいも…中 1 個
A ［ 水…100cc / コンソメ…小さじ 1/2 ］
牛乳…1/2 カップ
パセリ…適量

◎ 作り方

1 小鍋に黒米と水を浸しておく。

2 にんじんとじゃがいもを1cm 角のサイコロに切り、耐熱皿に **A** と一緒に入れ電子レンジでやわらかくなるまで加熱する。

3 **1** を中火で約 10 分、好みのかたさになるまで煮て、**2** の煮汁と牛乳を加える。

4 器に **3** を注ぎ、**2** を盛り付けパセリを散らす。

食事バランスガイド

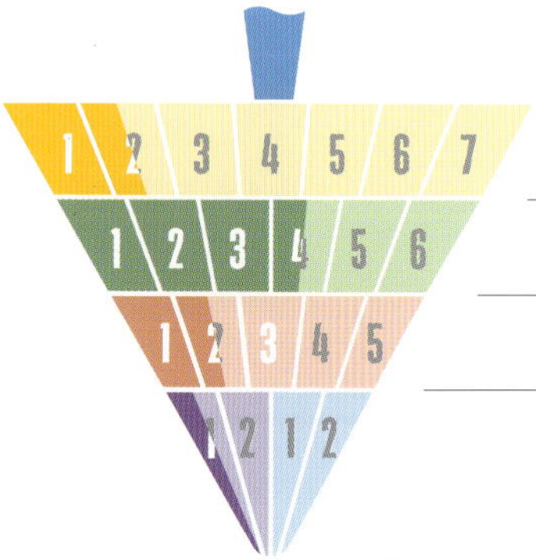

	白米	スペイン風オムレツ	黒米のスープ	計
エネルギー	285 kcal	236kcal	121 kcal	642kcal
主食	1.5 SV			1.5 SV
副菜		2.5 SV	1.0 SV	3.5 SV
主菜		1.5 SV		1.5 SV
牛乳・乳製品			0.5 SV	0.5 SV
果物				

酢使用量 15 ml

食塩 1.9 g

食物繊維 5.8 g

主食はごはんを茶碗一杯つけた場合となっています。

食材メモ

黒米（紫黒米）

有色素米の一つであり、黒米の他に赤米や緑米があります。黒米や赤米は古代米として認知されています。表面は黒紫色をしていますが、内部は着色していないので、完全に精米すると通常の白米と見分けがつかなくなります。

栄養

ポリフェノールの一種である紫色のアントシアニン色素を果皮に豊富に含み、強い抗酸化能を有しています。中国では古くから、病人や産婦の栄養食品として用いられています。日本でも薬膳料理として用いている地域があります。

使い方

白米に 1 割程度混ぜて炊くと、紫色がきれいなご飯ができます。洗米の回数を調節することにより紫色の濃淡を調節できます。粉にしてパンやケーキ、まんじゅうに加えた加工品もあります。

ジャガイモ

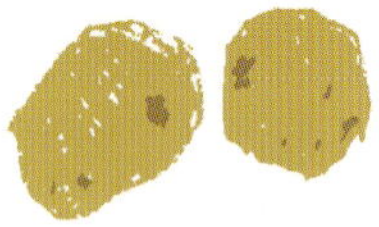

原産地は南米アンデス山系とされています。日本には 17 世紀初めにオランダ船に乗ってジャワ島から伝えられ、「ジャガタライモ」の名がつき、今日のジャガイモの名になりました。北海道や長崎が主な生産地です。

栄養

主成分はデンプンで、その他ビタミンCが多く含まれますが、加熱により半分程度失われます。芽や緑色を帯びた皮の部分には有毒な成分が多く含まれます。そのまま食べると中毒を起こすので、調理の際にそれらを取り除くことが必要です。

選び方 保存法

形がふっくらして重量感があるものを選びましょう。皮が薄くきれいな茶色のものがよいでしょう。光に当てると芽や表面に有毒成分（ソラニン）が生成されるので、通気性のよい涼しい場所で遮光して保存しましょう。

使い方

甘さがないために、生食用や加工用に広く用いられます。フライドポテト、ポテトチップス、デンプン加工品など加工用の他、サラダ、コロッケ、肉じゃが、煮込み料理など用途が広いです。

プラすレシピ 28

常備菜

簡単がり：104 kcal / 全量

家庭で簡単に手作りできるがりです。小瓶などで作り置きしておくと便利です。しょうがとお酢の効果で、体が温まります。

● 材料［2人分］

しょうが…50g

A［穀物酢…50cc／砂糖…25g／塩…少々］

● 作り方

1. 薄切りしょうがを5分程度ゆで、Aで漬ける。

睡眠不足と肥満

十分な睡眠時間といっても人によりその長さは異なると思いますが、睡眠不足は肥満を引き起こしやすくなるとの報告があります。アメリカでの調査研究で、睡眠時間が7〜8時間の人と比べて、6時間、5時間、4時間と睡眠時間が短くなるほど太りやすくなると報告されています。

この原因として、睡眠が少ないと食欲を増加させるホルモンが増えるためと考えられています。「睡眠を削る分、食べることで補おう」という無意識の生理調節が働くのかもしれません。

和食の定番メニューをアレンジした

ほうれん草の塩昆布酢和え

＋ 鯖のみそ煮

“ほうれん草の塩昆布酢和え” では、昆布のうま味がお酢の酸味を和らげます。動脈硬化の予防に有効な脂肪酸を多く含む “鯖のみそ煮” と合わせて、ヘルシーな定番和食メニューとしていかがでしょうか。

ほうれん草の塩昆布酢和え

29 kcal / 1 人分

◎ 材料 [2 人分]

ほうれん草…7～8束（180g）

A
- 塩昆布…6g
- 穀物酢…大さじ 1
- 砂糖…小さじ 1

◎ 作り方

1 ほうれん草を食べやすい大きさにざく切りし、ゆでる。

2 柔らかくなったら冷水にとり、ざるにあげておく。

一気に冷やすことで鮮やかな緑を保ちます .

3 A を合わせ、水気を絞った **2** と和える。

酢を合わせるとほうれん草の色が変わりやすいので食べる直前に合わせましょう .

鯖のみそ煮

236 kcal / 1 人分

◎ 材料 [2 人分]

鯖… 2 切れ

にんじん…2/3 本 (100g)

しょうが…適量

みそ…20g

A
- 水…250ml
- 酒…大さじ 2
- みりん…大さじ 1
- 砂糖…小さじ 1
- 濃口しょうゆ…小さじ 1

◎ 作り方

1 鯖の切り身に十字の切り込みをいれる。にんじんは皮つきのまま乱切りにする。しょうがを 薄く切っておく。

2 フライパンに **A** を入れ沸騰させ、しょうがを入れる。

煮立ったところに入れることで、生臭さを抑え、うま味の損失を防ぎます .

3 **2** に鯖とにんじんを入れ、鯖の表面に煮汁をかける。鯖の表面の色が変わったらアルミホイルでふたをし、6～7 分中火で加熱する。煮汁がなくなってきたら水を足す。

4 煮汁でみそを溶き、鯖に直接かける。煮汁を鯖にかけるようにして弱火で 5 分ほど煮る。

食事バランスガイド

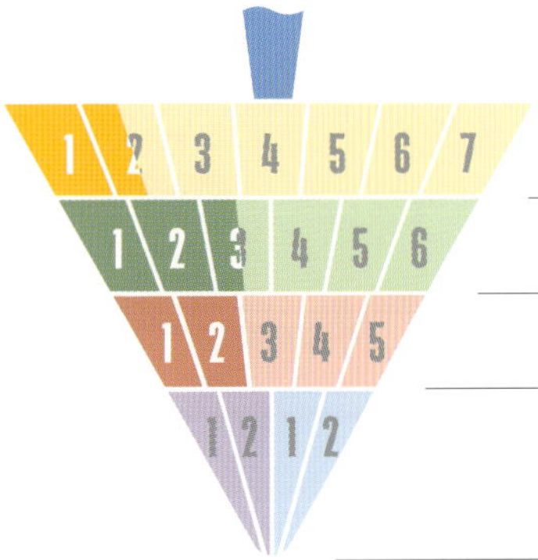

	白米	ほうれん草の塩昆布和え	鯖のみそ煮	計
エネルギー	285 kcal	29 kcal	236 kcal	549 kcal
主食	1.5 SV			1.5 SV
副菜		1.5 SV	1.0 SV	2.5 SV
主菜			2.0 SV	2.0 SV
牛乳・乳製品				
果物				

酢使用量 7.5 ml

食塩 2.5 g

食物繊維 4.8 g

主食はごはんを茶碗一杯つけた場合となっています。

食材メモ

ほうれん草

ペルシア原産で、東洋種、西洋種、交雑種の３つに大別されます。霜にあたったものが美味しいとされることもあり、秋から冬にかけてが旬です。

栄養 緑黄色野菜の代表として、カロテンや葉酸を多く含みます。その他、ビタミンＥ、Ｋ、B_1、B_2、Ｃ、またカリウム、カルシウム、鉄分を比較的多く含みます。貧血予防に用いられます。

保存法 短期保存の場合は湿らせた新聞紙に包んでポリ袋に入れ、野菜室に立てて保存しましょう。長期保存の際は 90℃で 30 秒程度加熱してから冷凍保存をするとよいでしょう。

使い方 あくの成分であるシュウ酸を多く含むため、茹でるなどのあく抜きをするとよいでしょう。すりゴマや鰹節と合わせたお浸し、和え物として食されることが多いですが、バターや油炒め、中華料理やジュースなどにも幅広く用いられます。

鯖

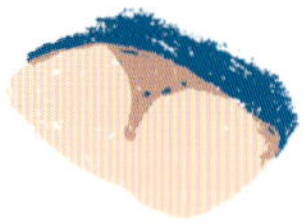

サバ属にはマサバとゴマサバがあります。赤身魚の一つで、季節によって水分、脂肪量が大きく変動します。旬は秋から冬にかけてで、主な産地は北海道、岩手などです。

栄養 動脈硬化を予防するといわれるＤＨＡやＥＰＡが豊富に含まれます。またビタミンＤやナイアシン、B_{12} の含有量が非常に高く、ビタミンB_6、B_1、B_2 も比較的多く含まれます。一方、鮮度低下が早く、ヒスタミンを生じやすいためアレルギーや中毒を起こすことがありますので、鮮度には気をつけましょう。

選び方 保存法 目が赤くなっておらず、腹の銀色が光っているものを選びましょう。「鯖の生き腐れ」との言葉があるように劣化が早いので、氷蔵保存または冷凍保存で保存します。ただ、氷蔵保存でも５日程度が限界とされます。

使い方 塩焼き、締め鯖、刺身、鯖ずし、味噌煮、船場汁などに用いられます。

プラすレシピ 29

常備菜

クランベリーロー酢ヒップ

クランベリーが一回り大きくふやけたら、食べ頃です。お湯で割れば、ハーブティーとしてお召し上がりいただけます。その他、水や炭酸水などで割っても美味しいです。

● 材料 [2人分]

クランベリー… 1パック (45g)
ローズヒップティー… 1パック
好みのお酢…70cc

● 作り方

1. 鍋で煮立てた熱湯の中で瓶を煮沸消毒する。
2. 煮沸した瓶に材料をすべて入れて、冷蔵庫で漬ける。

早食いと肥満

食物をあまり噛まずに飲み込む早食いは、満腹感を得る前に過食をしてしまうことから、肥満になりやすいと考えられます。よく噛むことにより、食欲中枢を刺激し、満腹感を与え食欲を抑えることができます。一口の量を少なめにしてゆっくりと味わいながらよく噛み、脳に摂食のシグナルを送ることが肥満予防法の一つとなります。

クリスマスもヘルシーに

野菜のテリーヌ

＋ローストチキン
＋森のきのこのクリームシチューパイ包み焼き

主菜がお肉のときは、野菜とお酢を上手に組み合わせると安心です。
“野菜のテリーヌ” は固めることでお酢の酸味が減り、骨付き肉はお酢につけることでやわらかくなります。

野菜のテリーヌ

63 kcal / 1 人分

◎**材料** [4 人分]

大根…1/6 本 (160g)
玉ねぎ…中 1/4 個 (50g)
パプリカ (赤)…小 1 個 (80g)
パプリカ (黄)…小 1 個 (80g)
ほうれん草…1 袋 (200g)

A
- 水…1ℓ
- コンソメ…大さじ 1

B
- ゼラチン…15g
- こしょう…少々
- 穀物酢…大さじ 6

マーマレード…小さじ 1
ローストチキンの **A** の残り
好みのサラダ…適量

ローストチキン

176 kcal / 1 人分

◎材料 [4 人分]

鶏手羽元 (骨付き) …8 本
塩・こしょう…少々

A
- ローズマリー…小さじ 1/2
- おろしにんにく…1 片分
- おろし玉ねぎ…1/4 個
- バルサミコ酢…大さじ 3
- 濃口しょうゆ…大さじ 2
- はちみつ…大さじ 1

◎作り方

準備 オーブンを 220℃にあたためる。

1 手羽元にフォークで穴をあける。

2 **1**に塩・こしょうをふる。

3 **2**を **A** で 20 分ほど漬けこむ。（できれば 1 日漬け込む）ビニール袋ですれば調味料の無駄がなくできます。

4 220℃で約 15 分焼く。

◎作り方

1 大根は型の半分の長さに合わせて 1cm 角の拍子木切りに、玉ねぎ、パプリカは縦 8 当分のくし形切りに、ほうれん草はヘタを切り取っておく。

2 **B** のゼラチンは分量外の水でふやかしておく。

3 煮立った **A** の中で、**1** を色の薄い野菜から順にゆでる。

4 残りは 400cc にまで煮詰め、火を止め **B** を加える。

5 粗熱が取れたら野菜と交互に流し込み、冷蔵庫で冷やし固める。

6 8 等分に切り分け、好みのサラダと共に盛りつけ、ローストチキンの **A** を煮つめたものとマーマレードをかける。

森のきのこのクリームシチューパイ包み焼き

197kcal / 1 人分

◎材料 [4 人分]

玉ねぎ…中 1/2 個
にんじん…小 1 本
しめじ…1 パック
マッシュルーム…1 パック
えのき…1 パック
ベーコン…40g
塩・こしょう…少々
豆乳…2 カップ (400cc)
パイシート (冷)…1 枚

◎作り方

1 玉ねぎは 1cm 幅に、にんじんは 3mm 幅のいちょう切りにする。

2 しめじ、マッシュルーム、えのきは石づきを切り落とし、適当な大きさに切る。

3 厚手の鍋にベーコン、**1**、**2** の順に入れ、塩・こしょうをして蒸し焼きにする（塩・こしょうすれば、野菜から水分が出て油なしでも加熱できエネルギーカットできます）。

テフロン加工などの厚手の鍋がなければ分量外の水も入れて .

4 豆乳を加えてとろみがつくまで煮込んだあとカップに入れる。

えのきを入れることでとろみがつきます .

5 パイシートをのばして型に合わせて切り取り、**4** を入れたカップにふたをするように覆う。

6 180℃のオーブンで約 5 分、パイが色づくまで焼く。

食事バランスガイド

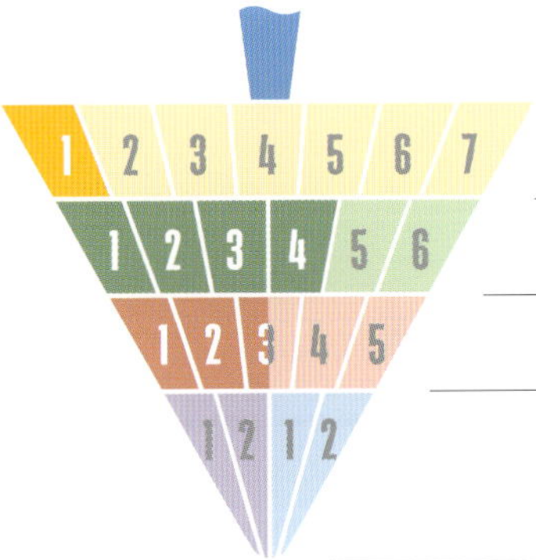

	パン（60g）	野菜のテリーヌ	ローストチキン	森のきのこのクリームシチュー	計
エネルギー	159 kcal	76 kcal	176 kcal	199 kcal	610 kcal
主食	1.0 SV				1.0 SV
副菜		2.0 SV		2.0 SV	4.0 SV
主菜			2.0 SV	0.5 SV	2.5 SV
牛乳・乳製品					
果物					

酢使用量 33.5ml
食塩 3.4g
食物繊維 8.8g

主食はコッペパン１個をつけた場合となっています。

食材メモ

パプリカ

ベル形大果のカラーピーマンのことを言い、オランダからの輸入が増えてからパプリカ（オランダ語でピーマン）と呼ばれるようになりました。

栄養 ピーマンと同じ唐辛子の仲間ですが、辛味成分が含まれず、肉厚で甘みがあります。ビタミンCが多く、赤やオレンジ色のものにはβ-カロテンが豊富です。

選び方 保存法 色が濃く、表面がつやつやしており、へたの切り口が白いものを選びましょう。保存するときは、ポリ袋などに入れて野菜室で冷蔵保存するとよいでしょう。

使い方 炒め物、揚げ物、サラダなどに利用できます。

ローズマリー

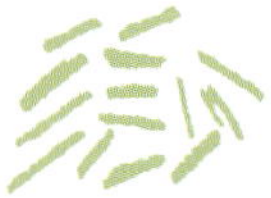

原産地は地中海沿岸で、シソ科の植物です。昔から利用されてきた香辛野菜の一つで、松葉のような尖った葉を利用します。高温多湿の日本の気候にも順応します。

栄養 精神疲労の緩和や集中力を高める効果があるといわれます。また抗菌作用のあるシネオールなどが含まれています。

保存法 開花前の柔らかい枝先を刈り取り、日陰干しにした後、葉と花をもみ落として分けます。

使い方 主ににおい消し、風味付けとして利用されます。また、ローズマリーティーやハーブビネガー、ハーブオイルにも使えます。香りが強いので使用量や使用方法を考慮して使用するとよいでしょう（生のものを使う場合は生の枝先を切り取ってそのまま使うか、あるいは刻んで使います）。

酢イーツ

おからとごぼうの濃厚ガトー・ショコラ ～お酢アイシング～：180 kcal / 8 分の 1 切れ

小麦粉や砂糖の代わりにおからやメープルシロップを使い、ごぼうでかさ増しをし、エネルギーをカットしました。また、お酢でアイシングを作って、焼き菓子にかけてみました。

● 材料［2 人分］

A［ブラックチョコレート…120g
　　無調整豆乳…60cc
B［ココア…30g
　　おから…30g
ごぼう…40g
メープルシロップ…小さじ 3
卵黄…4 個分
卵白…4 個分
〈お酢アイシング〉
C［粉砂糖…65g
　　好みのお酢…大さじ 1

● 作り方

1. A を湯せんにかけて溶かしておく。
2. B をナイロン袋に入れ、ふりあわせておく。
3. ごぼうを 5mm の角切りにし、耐熱容器に入れてメープルシロップ小さじ 1 をかけてしっかりラップをし、電子レンジで約 1 分加熱する。
4. ボウルに卵黄を溶きほぐし、1 を加え混ぜる。
5. 卵白を溶きほぐし、泡立ってきたらメープルシロップ小さじ 1 ずつ 2 回に分けて加えてピンと角が立つまで泡立てる。（メレンゲ）
6. 4 に 5 の 1/3 量を入れ泡立て器でぐるぐると混ぜる。これを 2 回繰り返す。
7. ゴムベラに持ちかえて、残りの 5 に 6 を加えて切るように混ぜる。
8. 2、3 の順に加え、均一になるまでさっくり混ぜ合わせる。（混ぜすぎない）
9. 型に流し、180℃のオーブンで約 40 分焼く。
10. 粗熱が取れたら、C を混ぜ合わせ、上からかける。

肥満と疾病

太りすぎること、つまり肥満はなぜ危険なのでしょうか。生理的な観点からは、太ることそのものは悪いことではありません。食事由来の脂肪が血液中に入り、さらに脂肪組織に運ばれ貯蔵されることは、飢餓状態に備えた燃料備蓄という、生理的に重要な意味を持つからです。また血液中の脂肪が脂肪組織に運ばれず、いつまでも血液中に留まっていることは、生体にとって危険です。しかし困ったことに、脂肪組織に脂肪が過剰に蓄積してしまうと、疾病を引き起こしてしまうのです。

メインメニュー 栄養価計算表

番号	料理名	エネルギー(kcal)		たんぱく質(g)		脂質(g)		炭水化物(g)		食物繊維(g)		食塩(g)	
春-1	春色ちらしずし	506		26.6		13.2		65.5		1.4		1.4	
	そら豆とコーンのフリッター	260		7.6		16.1		19.9		2.4		0.3	
	菜の花とハマグリのマスタードマリネ	32	798	4.2	38.4	0.4	29.7	3.8	89.2	2.1	5.9	0.8	2.5
春-2	ナッツ入りオニオンサラダ	80		3.3		4.9		6.8		2.3		1.0	
	そぼろ丼	476	556	20.0	23.3	9.6	14.5	71.4	78.2	2.7	5.0	1.2	2.2
春-3	筍の酢みそ和え	47		3.5		0.8		8.4		3.5		1.8	
	鶏もも肉のさっぱり焼き	164	211	13.0	16.5	9.9	10.7	5.0	13.4	1.5	5.0	0.8	2.6
春-4	春野菜のサラダ	98		5.3		4.6		10.9		2.0		0.4	
	たらの香草パン粉焼き	180	278	13.5	18.8	8.9	13.5	10.8	21.7	0.9	2.9	1.6	2.0
春-5	海鮮にらチヂミ	406		16.2		12.2		54.8		3.1		1.4	
	長いもとめかぶの梅肉和え	67	473	2.8	19.0	0.5	12.7	13.8	68.6	2.1	5.2	0.9	2.3
春-6	レタスのナムル	73		7.5		2.8		4.9		1.4		1.0	
	具だくさん餃子スープ	137	210	4.0	11.5	7.4	10.2	16.5	21.4	4.5	5.9	1.3	2.3
春-7	えびの甘酢	184		12.3		6.8		13.5		1.2		1.1	
	じゃがいもとブロッコリーのホットサラダ	160	344	5.3	17.6	4.3	11.1	23.2	36.7	3.5	4.7	0.7	1.8
夏-1	夏野菜たっぷり冷製パスタ	481		25.5		2.9		84.9		6.7		1.3	
	ヴィシソワーズ	112	593	4.6	30.1	4.6	7.5	12.9	97.8	1.2	7.9	0.6	1.9
夏-2	たこライス	511		18.6		4.5		95.0		3.2		2.7	
	粒々コーンソメスープ	50	561	1.4	20.0	0.3	4.8	11.0	106.0	1.9	5.1	1.1	3.8
夏-3	牛肉と野菜炒めのバルサミコ酢風ソースかけ	188		13.6		7.9		12.3		2.3		1.2	
	しめじときゅうりのキムチ和え	25	213	3.5	17.1	0.5	8.4	4.8	17.1	3.0	5.3	0.7	1.9
夏-4	ゴーヤチャンプルー	271		15.8		16.3		12.1		2.7		1.4	
	もずくの冷や汁	51	322	2.2	18.0	1.9	18.2	8.9	21.0	2.3	5.0	0.6	2.0
夏-5	アジの南蛮漬け	259		16.8		11.0		21.6		2.6		0.7	
	ほっくりパンプキン	110	369	2.0	18.8	2.5	13.5	20.7	42.3	3.3	5.9	0.0	0.7
夏-6	黒酢のこっくり酢豚	282		15.3		8.2		34.4		5.4		2.0	
	小松菜ともやしのお浸し	22	304	1.8	17.1	0.5	8.7	4.5	38.9	1.3	6.7	0.6	2.6
夏-7	うなぎとごぼうのバルサミコ風味煮	213		14.1		13.2		9.1		2.4		1.2	
	冷やしうどん	299	512	10.4	24.5	4.6	17.8	51.5	60.6	3.8	6.2	2.3	3.5
夏-8	たことわかめの彩り酢の物	53		7.1		1.1		4.8		2.4		1.6	
	かつおの漬け丼	497	550	29.6	36.7	1.5	2.6	91.1	95.9	1.3	3.7	1.0	2.6
秋-1	鮭のホイル焼き	206		19.2		10.8		9.3		3.2		1.9	
	パプリカのささっと炒め	48	254	0.9	20.1	2.2	13.0	7.0	16.3	1.5	4.7	0.5	2.4
秋-2	さんまのパン粉焼き大根おろし添え	237		11.9		13.5		12.4		2.2		1.3	
	具だくさんけんちん汁	138	375	9.5	21.4	3.0	16.5	22.4	34.8	3.9	6.1	1.3	2.6
秋-3	きのこの酢みそあんかけ豆腐	131		10.4		5.6		10.0		3.8		0.6	
	大豆といもくりの炊き込みごはん	359	490	11.8	22.2	5.3	10.9	83.8	93.8	3.6	7.4	1.0	1.6
秋-4	簡単!ヘルシー煮込みハンバーグ	246		12.4		9.9		29.2		6.0		1.9	
	柿のヨーグルト	113	359	2.9	15.3	1.7	11.6	23.9	53.1	2.0	8.0	0.1	2.0
秋-5	ポークステーキブルーベリーソー酢添え	183		10.7		9.2		12.5		2.6		0.9	
	ポテト酢サラダ	137	320	3.2	13.9	5.4	14.6	17.6	30.1	2.3	4.9	0.1	1.0
秋-6	なすとエリンギのピザ風	185		9.2		12.8		10.9		3.5		1.3	
	れんこんのねぎツナ焼き	142	327	9.5	18.7	2.8	15.6	21.1	32.0	2.8	6.3	1.0	2.3

冬-1	プルーンなます	67		1.0		0.2		15.9		3.3		1.0	
	塩鮭の簡単煮	183	250	16.7	17.7	7.9	8.1	5.1	21.0	1.6	4.9	1.3	2.3
冬-2	酸辣湯	75		3.5		3.0		8.1		0.6		1.4	
	ホタテ入り野菜炒め	115	190	12.2	15.7	4.3	7.3	8.0	16.1	3.7	4.3	1.1	2.5
冬-3	たたきごぼうの梅和え	60		2.0		0.6		12.2		4.3		1.2	
	マグロのしょうが焼き	134	194	16.3	18.3	2.4	3.0	7.5	19.7	1.4	5.7	1.4	2.6
冬-4	大根パリパリ	76		3.5		0.9		13.8		4.0		0.6	
	チキンカツレツ（ドレッシングなし）	238	314	13.9	17.4	15.3	16.2	10.1	23.9	0.8	4.8	0.3	0.9
冬-5	酢っきり寄せ鍋	214		18.8		5.3		23.3		4.7		2.2	
	しめのおじや	273	487	6.5	25.3	2.0	7.3	54.5	77.8	0.7	5.4	0.5	2.7
冬-6	大根と豚肉のしょうゆ炒め	82		8.2		3.3		7.7		2.6		1.3	
	鮭かす汁	175	257	16.4	24.6	3.1	6.4	38.8	46.5	3.9	6.5	1.3	2.6
冬-7	スペイン風オムレツ	236		12.8		9.6		25.4		3.3		1.5	
	黒米のスープ	121	357	4.7	17.5	2.8	12.4	12.6	38.0	2.5	5.8	0.4	1.9
冬-8	ほうれん草の塩昆布酢和え	29		2.5		0.4		5.6		2.9		0.5	
	鯖のみそ煮	236	265	17.4	19.9	9.7	10.1	13.5	19.1	1.9	4.8	2.0	2.5
冬-9	野菜のテリーヌ	63		6.7		0.5		8.8		4.4		1.7	
	ローストチキン	176		13.1		10.3		6.2		0.3		1.3	
	森のきのこのクリームシチューパイ包み焼き	197	436	8.3	28.1	10.8	21.6	17.2	32.2	4.1	8.8	0.4	3.4

索引

な

は

ま

や・ら・わ

参考文献リスト

1) 飴山　實、大塚　滋　編：シリーズ《食品の科学》酢の科学、朝倉書店、1993 年
2) 文部科学省科学技術・学術審議会資源調査分科会報告：五訂増補　日本食品標準成分表、2005 年
3) 日本人の食事摂取基準（2010 年版）、第一出版、2009 年
4) 香川芳子　監修：五訂増補　食品成分表 2008、女子栄養大学出版部、2007 年
5) 社団法人農山漁村文化協会　編：地域食材大百科　第 1 巻、社団法人農山漁村文化協会、2010 年
6) 社団法人農山漁村文化協会　編：地域食材大百科　第 2 巻、社団法人農山漁村文化協会、2010 年
7) 社団法人農山漁村文化協会　編：地域食材大百科　第 3 巻、社団法人農山漁村文化協会、2010 年
8) 社団法人農山漁村文化協会　編：地域食材大百科　第 4 巻、社団法人農山漁村文化協会、2010 年
9) 藤原昌高　著：地域食材大百科　第 5 巻、社団法人農山漁村文化協会、2011 年
10) 杉田浩一、平　宏和、田島眞、安井明美　編：日本食品大事典、医歯薬出版株式会社、2008 年
11) 芹澤正和、梶浦一郎、平　宏和、竹内昌昭、中井博康　監修:オールカラー版食品図鑑、女子栄養大学出版部、1995
12) 髙宮和彦、大澤俊彦、グュエン・ヴァン・チュエン、篠原和毅、寺尾純二　編:色から見た食品のサイエンス、株式会社サイエンスフォーラム、2007 年
13) 中村丁次　監修：最新版　からだに効く栄養成分バイブル、株式会社　主婦と生活社、2001 年
14)日経ヘルス　編：サプリメント事典 2008 年版、日経 BP 社、2007 年
15) 柳町敬直：新版　食材図典　生鮮食材篇、小学館、2006 年
16) 柳町敬直：食材図典Ⅱ、小学館、2004 年
17) 山崎清子、島田キミエ、渋川祥子、下村道子　著：新版　調理と理論、東京同文書院、2007 年
18) 山野善正　編：おいしさの科学事典、朝倉書店、2004 年
19) 津田謹輔　著：健康科学　知っておきたい予防医学、丸善、2003 年

山下広美（やました・ひろみ）

専門：食品栄養学

研究テーマ：脂質代謝とその制御に関する研究
肥満、メタボリックシンドロームを予防・改善する食品中の機能性成分検索
および機能性食品開発に関する研究

略歴：平成 5年 3月　奈良女子大学大学院人間文化研究科博士課程生活環境学専攻修了
平成 5年 4月　岡山県立大学保健福祉学部栄養学科助手
平成10年 7月　米国テキサス大学サウスウエスタン医学センター生化学部博士研究員
平成21年10月　岡山県立大学保健福祉学部栄養学科教授
現在に至る

本書制作協力者：栄養学科　我如古菜月助教　京橋沙知　堂前順希　椿苑子　黒田順子　多賀友里恵　丸田ひとみ
デザイン学部　山下明美教授　赤木さゆり　矢浦有理江　西裕里奈　原千尋　横田早紀　高橋宏明　高橋はるか　森田有紀子

酢っきり爽快！　**酢の健康レシピ**

2011年6月10日　初版第1刷発行

■監 修 者――岡山県立大学地域共同研究機構
■著　　者――山下広美
■発 行 者――佐藤　守
■発 行 所――株式会社**大学教育出版**
〒700-0953　岡山市南区西市855-4
電話(086)244-1268㈹　FAX(086)246-0294
■印刷製本――サンコー印刷㈱

ISBN978－4－86429－062－3